Música para fisgones

Redbook

Juan Mari Ruiz

Música para fisgones

© 2021, Juan Mari Ruiz Alberca

© 2021, Redbook ediciones

Diseño de cubierta: Regina Richling

Diseño de interior: Quim Miserachs

Fotografías: Wikimedia Commons / Archivo APG

ISBN: 978-84-18703-13-3

Depósito legal: B-14.805-2021

Impreso por Sagrafic, Passatge Carsi 6, 08025 Barcelona

Impreso en España - *Printed in Spain*

Para Ainara, Ane y Urtzi,
y para María Esther

Índice

Prólogo

Al pensar en nombres como Beethoven, Mozart, Wagner, Chaikovski, Vivaldi, Bach, Schumann, Stravinsky o Haendel a menudo nos viene a la cabeza la imagen idealizada de unos seres abstraídos del mundo y dotados de un don casi divino para la música, mentes privilegiadas que por medio de sus composiciones son capaces de conmover las almas de quienes las escuchan. Pero sin embargo tienen algo en común con todos nosotros: son seres humanos, simples mortales.

A lo largo de este libro iremos repasando la vida y la obra de muchos de los compositores, intérpretes y directores de orquesta más conocidos y las de otros que no lo son tanto. Explicaremos a grandes rasgos sus aportaciones a la evolución de la música clásica pero, a fin de comprender mejor su forma de ver el mundo, haremos especial hincapié en sus rasgos más humanos y en algunos episodios de la vida cotidiana que contribuyeron a dar forma a su estilo, porque la obra de un autor y la posibilidad de desarrollar su carrera no son ajenas a las costumbres y a las convenciones sociales de la época que le tocó vivir y que, en algunos casos para bien y en otros muchos para mal, condicionaron su trabajo.

En la obra de cualquier artista influyen de forma inevitable los ideales vigentes en cada momento, la situación política y las relaciones que estas personas tuvieron con el poder, con el que no pocos sufrieron serios encontronazos que incluso a algunos les llegaron a costar la vida.

Conoceremos los temores y las supersticiones de algunos, sus aficiones más o menos recomendables, su vida familiar, sus preocupaciones cotidianas, sus preferencias sexuales, las relaciones personales o sentimentales que mantuvieron entre ellos y también sus disputas artísticas o personales. Repasaremos los problemas mentales de Schumann y su afición por el espiritismo, la peculiar personalidad de Mozart, el papel político de Verdi, el gusto por la buena vida de Bach, Haendel y Rossini —entre otros—, la pasión por las esposas de sus amigos de Wagner, la homosexualidad de Lully y Chaikovski, la afición por el fútbol de Shostakovich y el amor por los pájaros de Olivier Messiaen. Veremos a Ravel conduciendo camiones hacia el frente de Verdún en la Primera Guerra Mundial y reflexionaremos sobre la actitud de Strauss y Karajan en la segunda, y también conoceremos a un Prokofiev aguantando como podía bajo el régimen soviético.

Por otra parte, descubriremos que hubo otros Mozart —Maria Anna—, Schumann —Clara—, Mendelsohnn —Fanny— o Mahler —Alma—, figuras que quedaron eclipsadas a la sombra de sus maridos o hermanos y de las que apenas hemos oído hablar, pero que tuvieron una gran influencia en el devenir de la música y de la cultura en general.

Este libro no es una mera enumeración de curiosidades, ni tampoco pretende ser un tratado musicológico sobre ninguno de sus protagonistas. Su intención es encontrar un punto medio en el que el lector se sienta atraído por la cercanía de estos personajes al mismo tiempo que obtiene información interesante sobre cada uno de ellos, y que partiendo de la anécdota quede fijada una imagen que le sitúe dentro de una época y un estilo determinados con alguno de sus rasgos más característicos.

Con la finalidad de ayudar a comprender mejor los hechos históricos y culturales que les rodearon incluiremos algunas historias relacionadas con los episodios descritos pero ajenas al mundo de la música, y aunque en general seguiremos un orden cronológico desde los tiempos del Barroco hasta nuestros días, en ocasiones saltaremos libremente de una época a otra o haremos alguna digresión más o menos amplia, según lo requiera la historia a relatar.

En las páginas que siguen observaremos cómo va cambiando el gusto musical, y qué obras que hoy en día nos parecen agradables melodías causaron no poco escándalo en su tiempo por lo novedosas que resultaban. También veremos que ritmos, intervalos y armonías que tenemos perfectamente integrados en nuestra cultura musical no siempre tuvieron la misma aceptación entre el público o las élites culturales.

No es necesario poseer una formación musical para seguir este libro; quien la tenga podrá refrescar su memoria y además encontrar una serie de curiosidades sobre autores y obras que seguramente ya conocerá, y quién no, tendrá la ocasión de descubrirlos de una forma amena.

En algunas páginas se incluye un enlace a un vídeo en el que se puede disfrutar de las obras mencionadas en ellas, lo que permite realizar un completo recorrido por los estilos y géneros musicales de los últimos tres siglos y así apreciar su evolución con algunas de las piezas más célebres de la música occidental.

Resultaría farragoso, y probablemente imposible, enumerar todas las fuentes de las que se ha servido el autor para encontrar las historias que vertebran este libro. En su redacción se ha tenido el máximo cuidado por asegurar la veracidad de todas ellas y de los datos que se ofrecen, pero quizá sea inevitable que se haya deslizado algún error entre tantas fechas, acontecimientos, anécdotas, curiosidades y rumores sobre estas personas y su época.

Si eso ocurre, quien lee estas líneas permitirá que el que las escribe se acoja al viejo dicho de *se non è vero, è ben trovato.*

Juan Mari Ruiz
Irun, junio de 2021

El Barroco, un buen comienzo

La música acompaña al ser humano desde aquel lejano día en que un antepasado nuestro se dio cuenta de que golpeando dos palos conseguía un sonido que le resultaba agradable. Repitiendo los golpes nació el ritmo y jugando con la voz, la melodía. A partir de ahí la música evolucionó de forma continua a través de las culturas y las sociedades creando nuevos instrumentos y maneras de interpretarla, y lo sigue haciendo aún hoy en día.

Podríamos hablar de la música en las sociedades primitivas o en la antigua Grecia, o remontarnos solamente hasta la Edad Media o al Renacimiento, pero empezaremos nuestro recorrido por la historia de la música bastante más cerca de nosotros, en el siglo XVII, un época en la que con el Barroco se sentaron las bases de las formas musicales y de la armonía sobre las que se construirá el edificio de lo que hoy llamamos música clásica.

Con la música barroca se sentaron las bases de algunos de los géneros musicales que han llegado hasta hoy en día.

Durante el Barroco se crean géneros nuevos como la *sonata* —como su nombre indica, una obra para tocar con uno o varios instrumentos—, la *cantata* —para cantar—, el *concerto* —un solista acompañado de una orquesta— y la *ópera* —combinación de música y teatro—. Es interesante reseñar que por entonces la música estaba dividida en dos géneros, el religioso y el profano, y que la estructura de las obras podía variar si se debían interpretar dentro o fuera de la iglesia. Como veremos, esta influencia de la iglesia en la música será una constante durante mucho tiempo.

La palabra *barroco* era antaño utilizada por los pescadores portugueses para designar a una perla de forma irregular y con deformaciones —el equivalente en castellano sería la palabra *barrueco*— y, aunque ahora es una palabra de uso común para referirse a este período de la historia del arte, al principio tenía un cariz despectivo. Empezaron a utilizarla los académicos neoclásicos franceses de finales del siglo XVIII para refe-

La palabra *barroco* aparece por primera vez en el suplemento a la Enciclopedia francesa de 1776. En él Jean-Jacques Rousseau la define así: "*Barroco* en música. Una música barroca es aquella cuya armonía es confusa, cargada de modulaciones y disonancias, de entonación difícil y movimiento forzado». Seguro que hoy en día no definiríamos así este estilo, y es curioso que definiciones similares en cuanto a la dificultad y disonancia de la música se han utilizado en cada etapa de la historia siempre que ha aparecido un estilo nuevo.

rirse al estilo arquitectónico del siglo anterior, caracterizado por la línea curva y un exagerado gusto por la ornamentación y el artificio. Aún hoy en día se utiliza esta palabra para referirse a algo recargado o adornado en exceso.

Quizá la mayor particularidad de la música barroca es la utilización del *bajo continuo*: una línea melódica tocada por los instrumentos graves como el fagot, el violonchelo o el contrabajo que, como su nombre indica, acompaña sin interrupción al resto de las voces y sirve de base a la armonía. Una muestra del *horror vacui* —aversión a dejar espacios vacíos y sin adornos— característico del Barroco en el resto de las artes. Normalmente un instrumento de teclado, como el clavecín o el órgano, completa esa armonía a partir de la línea original del bajo. En la mayoría de las obras este desarrollo armónico no solía estar indicado por el autor y quedaba en manos de la imaginación del intérprete. El solista también disponía de libertad para improvisar su propia ornamentación sobre la partitura, que no solía incluir anotaciones sobre articulación o fraseo, por eso podemos encontrar versiones tan diferentes de una misma obra.

Hay ciertas diferencias dentro del Barroco musical, sobre todo entre el Barroco francés de Lully, Couperin y Marais y el italiano de Albinoni y Vivaldi. El alemán de Bach y Haendel representa una equilibrada fusión de los dos. La principal divergencia es que dentro de la citada afición por lo recargado el *bon goût* francés imponía una cierta sencillez en las formas, aunque no reñida con una rica ornamentación, mientras que el estilo italiano, en cambio, es mucho más libre, extrovertido y abierto al virtuosismo. El flautista Johann Joachim Quantz describió a la perfección las diferencias entre los dos estilos: «La música italiana es menos refrenada que cualquier otra, pero la francesa lo es casi en exceso. Quizá por eso en la música francesa lo nuevo siempre parece recordar a lo antiguo».

Escándalo en la corte del Rey Sol

Jean-Baptiste Lully es uno de los compositores más representativos del Barroco francés y el iniciador de la ópera en Francia. Su primera ópera, *Cadmus et Hermione*, de 1673, supuso la creación de la *tragédie en musique* —que incluía números de danza, a la que el rey era muy aficionado—, cuyas representaciones solían tener lugar en la *Académie Royale de Musique*.

Aunque el nombre de Lully está indisolublemente ligado a la corte de Luis XIV, el Rey Sol, lo que no todos saben es que no era francés de nacimiento, sino italiano, y que su verdadero nombre era Giovanni Battisa Lulli.

Jean Baptiste Lully compuso *Cadmus et Hermione* en 1673, lo que supuso la creación de lo que se conoce como *tragédie en musique*.

Lully nació en Florencia en 1632, en el seno de una humilde familia de molineros, y no habría ido nunca a Francia si el azar no se hubiera cruzado en su camino. La duquesa de Montpensier, Anne-Marie Louise d´Orleans, encargó a un caballero que debía viajar a Italia, Roger de Lorena-Guisa, caballero de Malta, que a la vuelta le trajera un joven músico italiano para alegrar su casa y de paso practicar el idioma. Este caballero escuchó por casualidad a Lully tocar la guitarra y le propuso que le acompañara a Fran-

Luis XIV, el Rey Sol, fue, además de rey de Francia, rey de Navarra, copríncipe de Andorra y conde de Barcelona. Se casó con María Teresa de Austria, hija de Felipe IV de España en la iglesia de San Juan de Luz, a menos de quinientos metros en línea recta de la casa en la que algo más de dos siglos después nacería Maurice Ravel. Este matrimonio fue concertado en el *Tratado de Paz de los Pirineos*, que ponía fin a la guerra con España y fue firmado en la Isla de los Faisanes, que en la actualidad es el condominio —territorio con soberanía compartida por varios países de forma alterna— más pequeño del mundo, con una superficie poco mayor que un campo de fútbol y situada en medio del río Bidasoa, entre Irun y Hendaya.

Se cuenta que en el estreno en Versalles de una de sus óperas, *Armide*, el inicio de la representación ya llevaba un retraso más que considerable cuando un guardia vino a avisar a Lully de que el rey estaba esperando, a lo que este contestó: «El rey aquí es el señor, y nadie tiene derecho a impedirle esperar lo que él quiera esperar». Una inteligente manera de dar la vuelta a la situación.

cia, a lo que este accedió. Pero al poco tiempo la gran dama se cansó de él y lo mandó a las cocinas, donde siguió tocando la guitarra y componiendo canciones. Pero un aciago día tuvo la mala fortuna de poner música a unas coplillas satíricas que circulaban sobre su ama. La señora, al saberlo, no se lo tomó precisamente a bien y le echó de su casa. Afortunadamente para el compositor, este ya se había dado a conocer entre la gente importante y al poco tiempo, con diecinueve años, consiguió tocar para el rey por primera vez, quien asombrado por su talento le nombró *Inspector de Violines* y creó para él un conjunto llamado *Les Petits Violons*.

Lully murió en París en 1687 a los cincuenta y cuatro años de lo que hoy llamaríamos accidente laboral. Resulta que por entonces el rey estaba enfermo y Lully compuso un *Te Deum* para pedir a Dios una pronta recuperación. Él mismo se encargó de dirigir la orquesta en el estreno, pero en esa época no se hacía como hoy en día con una fina batuta, sino marcando el *tempo* golpeando el suelo con un pesado bastón de hierro adornado con cintas y coronado por un grueso pomo de plata. La mala fortuna hizo que Lully se diera en el pie provocándose una profunda herida y, como era de esperar dadas las condiciones sanitarias de la época, la herida se gangrenó, lo que le provocó una septicemia. Los doctores no veían más solución que amputarle la pierna, a lo que Lully se negó porque eso supondría no poder bailar nunca más —se le consideraba un muy buen bailarín, e incluso había llegado a bailar en escena con el mismísimo rey en el *Ballet de la Nuit*—, y murió a las pocas semanas. Pero el rey siguió viviendo veintiocho años más, quizá las plegarias fueron escuchadas.

Coetáneo de Lully fue Henry Purcell, seguramente el más célebre compositor inglés, que también tuvo una muerte bastante curiosa. Según la leyenda murió de un simple resfriado, pero la cuestión es que se debió de constipar al tener que dormir al raso una noche en que llegó borracho a casa y su mujer no le dejó entrar.

Lully estaba casado con Madeleine Lambert y tenía seis hijos, pero era bisexual, mantenía relaciones tanto con mujeres como con hombres y organizaba unas orgías memorables. Gozaba de mucha confianza en la corte y el rey, que sabía de su orientación y de sus excesos, miraba para otro lado a pesar que cada vez toleraba menos la homosexualidad, que en esa época se conocía en Francia como el *vicio italiano* —es curioso que cuando hay un comportamiento que no gusta en un país haya una tendencia generalizada a darle un nombre extranjero—.

Quizá el motivo de esta benevolencia fuera que el propio hermano del rey, Felipe I de Orleans, era uno de los más notorios homosexuales de la corte y su gran protector. Uno de sus amantes había sido Julio Mancini Mazarino, sobrino del cardenal Mazarino, y otro Armand de Gramont. Aunque este último parece que jugaba a dos bandas, por lo menos: estaba casado con Marguerite Louise Suzanne de Béthune, y al tiempo que mantenía una relación con Felipe sedujo a la esposa de este, Enriqueta Ana Estuardo, a la que también cortejaba el propio Luis XIV. Para completar la escena sepamos que la hermana de Gramont, Catalina, fue una de las amantes del rey. Pero el gran amor de Felipe de Orleans sería otro Felipe, el *Caballero de Lorena*, que siempre tenía a su disposición aposentos contiguos a los de su amante en todas sus residencias.

J.B. LULLY.
MARCHE POUR
LA CÉREMONIE
DES TURCS

Pero la paciencia del rey tenía un límite y finalmente mandó encarcelar a Felipe de Lorena. Lully no pudo escapar a este cambio de actitud del monarca, y al saberse en 1685 que mantenía una relación con un paje de la Capilla Real apellidado Brunet perdió el favor del monarca, que se negó a asistir al estreno de su última ópera, *Alcide*.

La *Querelle des Bouffons*

La controversia entre los gustos francés e italiano llegó a provocar a mediados del siglo XVIII la *Querelle des Bouffons* —Querella de los bufones— entre los partidarios del estilo defendido por Rameau y los que pretendían italianizar la ópera francesa, con Jean-Jacques Rousseau como adalid.

La *Querella de los bufones* enfrentó a los defensores de la ópera francesa, agrupados tras Jean-Philippe Rameau, con los partidarios de italianizarla, con Jean-Jacques Rousseau al frente.

Jean-Jacques Rousseau, aunque es más conocido como filósofo también fue, además de pedagogo y botánico, músico. Compuso varias obras, entre ellas una ópera en un acto, *Le devin du village*. Se le considera un ilustrado, pero son más que evidentes sus contradicciones. Por ejemplo, a pesar de ser el autor de *Emilio*, o *De la educación* —una novela con propósitos educativos en la que ensalza la bondad natural del hombre— y de hacer apología el valor de la maternidad no dudó en convencer a su esposa Thérese Levasseur de que entregaran a sus cinco hijos al orfanato al nacer, cosa que hicieron. Eso no es predicar con el ejemplo.

El escándalo saltó cuando una compañía italiana representó en 1746 la ópera de Pergolesi *La serva padrona* en la antes mencionada *Académie Royale de Musique*, escenario en el que no se solían mostrar temas cómicos. Al parecer Rousseau no estaba entre el público en esa ocasión y no hubo mayor problema, pero sí acudió cuando se volvió a representar en 1752.

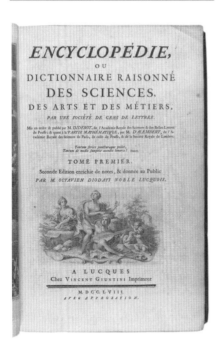

La Encyclopédie, ou dictionnaire raisonné des sciences, des arts et des métiers —Enciclopedia, o diccionario razonado de las ciencias, artes y oficios— de Diderot y d´Alembert se publicó entre 1751 y 1772. Tenía como objetivo reunir todos los conocimientos disponibles y difundirlos en un lenguaje claro y comprensible. Es un símbolo de la época de la Ilustración, que pretendía sacar a la humanidad de la ignorancia por medio de la razón. La influencia de las ideas de la Ilustración en política culminó con la Revolución Francesa.

Al año siguiente publicó su *Discurso sobre música*, en el que atacaba la tradición operística francesa basada en lo mitológico y ensalzaba la espontaneidad y el realismo de la ópera italiana.

La sangre no llegó al río en un sentido literal pero la querella duró dos años, hasta 1754, durante los cuales ambas partes repartían panfletos defendiendo su postura. Los argumentos no parecen demasiado profundos: unos argüían que la lengua italiana es más musical y adecuada para el canto que la francesa y los del bando contrario que la risa propiciada por la ópera italiana es contraria a la razón —¿no recuerda un poco al monje Jorge de Burgos de *El nombre de la rosa* cuando dice que la risa es mala porque ahuyenta el miedo y eso lleva a la perdición?—.

Pero esta disputa musical ocultaba otra más profunda de carácter ideológico y político, contraponiendo los valores de la Ilustración a los del Antiguo Régimen. Algunos asociaban el estilo de Lully con el gobierno absolutista y una cierta nostalgia por los tiempos del Rey Sol, y veían en el intento de renovar la música una forma de reconsiderar el sentido de la autoridad y de la libertad. Del lado de Rousseau se alinearon los enciclopedistas, y Diderot apoyaría la causa en su libro *El sobrino de Rameau*, en el que elogiaba a los autores italianos y defendía que la música debía ser una expresión de las pasiones humanas.

Duelos musicales

No fue este el único caso en aquella época de rivalidad entre grupos que defendían distintas ideas musicales, o entre compositores o solistas que defendían su posición. En este último campo es célebre el duelo celebrado entre Domenico Scarlatti y Haendel: el primer día se enfrentaron con el clavecín y quedaron empatados. El jurado convocado al efecto alabó el virtuosismo de Scarlatti, pero Haendel compensó esa ventaja con su maravillosa musicalidad. Se convocó el desempate para el día siguiente, que se disputó al órgano. En esta segunda prueba se impuso Haendel gracias a su reconocida capacidad para la improvisación. Se dice que a partir de entonces Scarlatti siempre se santiguaba al oír el nombre de Haendel, como si hubiera escuchado el del mismísimo diablo.

Otro célebre compositor estuvo involucrado en un duelo que ni siquiera se llegó a celebrar. Louis Marchand era un organista conocido por su virtuosismo y sus improvisaciones, y decidido a reafirmar el que pensaba que era su lugar de privilegio decidió retar al que algunos decían que era el mejor organista alemán del momento. Llegado el día de la confrontación se acercó con tiempo suficiente a la iglesia donde se iba a celebrar el duelo y desde una esquina espió discretamente a su rival mientras ensayaba. En ese mismo momento renunció al duelo, pero disculparemos su aparente cobardía sabiendo que su oponente era nada menos que Johann Sebastian Bach.

Son mucho menos conocidos los virtuosos del violín Johann Heinrich Schmelzer y su discípulo Heinrich Ignaz Franz Biber, pero su historia merece ser contada. Biber no dejaba pasar ninguna ocasión de demostrar que había superado a su antiguo maestro, aunque fuera con argucias de lo más pueril. Por ejemplo, si Schmelzer componía una sonata para dos violines —como la titulada *La pastorella*— Biber replicaba escribiendo otra con mismo título en la que son idénticos los compases iniciales, pero en este caso lo que hacían dos violines en la obra original era interpretado por un único violín utilizando la técnica de las dobles cuerdas. Un claro ejemplo de «pues yo, más y mejor».

No musical, sino realmente de capa y espada es el duelo que Haendel mantuvo con Johann Mattheson. El motivo de la disputa era que Mattheson, compositor y cantante, había escrito una ópera, *La desgracia de Cleopatra*, en la que también cantaba uno de los papeles principales. La cuestión es que la noche del estreno el director de la orquesta se presentó borracho y Haendel, que era violinista en esa orquesta, tomó la batuta. Cuando Mattheson terminó de cantar fue hacia el podio con la intención de continuar él mismo dirigiendo la ópera, a lo que Haendel se negó. Discutieron —no sabemos la reacción del público ante este inesperado alboroto por agarrar la batuta—, y finalmente Mattheson retó a Haendel a un duelo. Afortunadamente ambos salieron de él con vida, e incluso se hicieron amigos. Haendel acabó invitando a Mattheson a que cantara en sus óperas.

Un músico internacional

Georg Friedrich Haendel fue todo un cosmopolita: nació en Essen, Alemania, se formó en Italia y en Francia y alcanzó la celebridad en Inglaterra. De esta última comentó en cierta ocasión: «Cuando yo llegué encontré buenos intérpretes en Inglaterra, pero ningún compositor. Ahora todos pretenden ser compositores y no quedan intérpretes».

Quizá la obra más conocida de Haendel sea su oratorio *El Mesías*, y sobre todo su célebre *Aleluya*. Esta monumental obra no se estrenó en Londres,

Como hemos visto, Haendel era, además del compositor que todos conocemos, un gran virtuoso del clavecín y del órgano, pero parece que su arte no era igualmente apreciado por todo el mundo. Issac Newton tuvo ocasión de escucharle una vez al teclado e hizo un comentario sin duda objetivo sobre su actuación, pero ante el que quizá se echa de menos algo más de sentido artístico: «no encontré nada que destacar más allá de la elasticidad de sus dedos».

como habría sido de esperar, sino en el Great Music Hall de Dublín. Recordemos que por aquel entonces Irlanda estaba bajo el dominio del reino de Inglaterra, influencia que permanecería hasta la independencia de gran parte de la isla en 1922 y su constitución en república, excepto los condados del Ulster en el norte, que hoy en día siguen perteneciendo al Reino Unido. Fue tal el éxito de *El Mesías* y calurosa la acogida dispensada por el público irlandés que Haendel renunció a sus derechos de autor sobre la obra en beneficio de tres instituciones benéficas locales: dos hospitales y una cárcel.

Haendel era un hombre de gran corpulencia y, como es lógico, necesitaba mantenerla con buen sustento y a ser posible de calidad. Se cuenta que una vez Haendel fue a cenar a una taberna y pidió menú para tres. Al ver que la comida se retrasaba apremió al dueño para que se diera prisa, a lo que este alegó que estaban esperando al resto de comensales. Haendel simplemente contestó: «traigame ya la cena, yo soy todos los comensales».

Haendel no sale muy favorecido en la caricatura *The Charming Brute* que dibujó en 1754 su amigo, hasta ese momento, Joseph Goupy. No debió de hacerle mucha gracia, porque algunos afirman que esta fue la causa de que discutieran y de que Haendel excluyera a Goupy de su testamento.

Otra obra célebre de Haendel es la *Música para los reales fuegos artificiales*, compuesta en 1749 para celebrar el *Tratado de Aquisgrán* que ponía fin a la *Guerra de Sucesión Austríaca*. Lo curioso de esta obra es que a pesar de que en la actualidad se suele escuchar interpretada por una orquesta, inicialmente estaba destinada a un conjunto que a nosotros nos puede parecer bastante original: veinticuatro oboes, doce fagotes, un contrafagot,

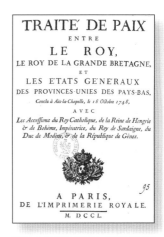

G.F. HAENDEL. MÚSICA PARA LOS REALES FUEGOS ARTIFICIALES

Francesca Cuzzoni era una soprano italiana de gran fama que en 1722 fue invitada por Haendel a Londres. Allí fue recibida con una gran expectación y honores dignos de una reina, incluso Haendel escribió expresamente un aria para su debut en la ciudad. Pero el aria no gustó a la soprano. Según su opinión era demasiado simple y se negaba a cantarla, entre una catarata de reproches. Haendel la agarró por el brazo y le amenazó con tirarla por la ventana si no callaba, al tiempo que le decía: «madame, sé que usted es un demonio, pero sepa que yo soy Belcebú, el rey de los demonios».

FRANCESCA CUZZONI SANDONI,

DA PARMA.

nueve trompetas, nueve trompas, tres juegos de timbales y un número sin determinar de cajas, además de unos cuarenta instrumentistas de cuerda. El motivo de tan peculiar *ensemble* es que la pieza estaba destinada, como su nombre indica, a ambientar el espectáculo de fuegos artificiales organizado para la celebración organizada en el londinense St. James´s Park y, lógicamente, se necesitaba cierta potencia sonora que contrarrestara el ruido de los petardos al aire libre.

Pero la representación no salió como estaba previsto: los músicos estaban instalados en una isla flotante diseñada por el arquitecto Giovanni Niccolò Servandoni, y la mala fortuna quiso que la estructura de madera prendiera fuego y ardiera por los cuatro costados. Afortunadamente no hubo que lamentar daños personales y al menos el público había podido escuchar la obra de Haendel completa en el ensayo general celebrado unos días antes en los jardines de Vauxhall. Fue todo un éxito que presenciaron doce mil personas.

Haendel era un gran aficionado a la bebida y puede que este mal hábito fuera una de sus fuentes de inspiración, pero también fue una de las causas que precipitaron su muerte, aunque no de la manera que pudiéramos pensar. Resulta que en esa época la mayoría de los recipientes en los que se guardaban las bebidas alcohólicas estaban fabricados en plomo. El plomo, que es muy tóxico si se ingiere, pasaba del recipiente a la bebida, y si se abusaba de ella la intoxicación por plomo estaba asegurada.

De todas formas, aunque llegó a los setenta y cuatro años —una muy avanzada edad para su época— Haendel tuvo serios problemas de salud a lo largo de su vida, como dos ictus que le provocaron una pérdida de movilidad en las manos, y problemas de visión que finalmente le dejaron ciego tras varias operaciones desastrosas, como veremos a continuación. También hay quien dice que podría haber sufrido un trastorno bipolar, que explicaría su extensa producción.

Johann Sebastian Bach tuvo veinte hijos con sus dos mujeres, primero siete con Maria Barbara y después otros trece con Anna Magdalena, pero solo le sobrevivieron nueve.

Los Bach

Johann Sebastian Bach es conocido entre los compositores —además de por sus magníficas composiciones, que muchos sitúan la como piedra angular de toda la creación musical posterior— por su extensísima familia. Aunque debemos puntualizar: si bien es cierto que tuvo veinte hijos con sus dos mujeres, primero siete con Maria Barbara y después otros trece con Anna Magdalena, solo le sobrevivieron nueve: Catharina Dorothea, Wilhem Friedeman y Carl Philip Emanuel —hijos de Maria Barbara— y Gottfried Heinrich, Johann Christoph Friedrich, Johann Christian, Elisabeth Juliane Friederica, Johanna Carolina y Regina Susanna —hijos de Anna Magdalena—. Los demás, excepto Johann Gottfried Bernhard, hijo de Maria Barbara, que lo hizo a los veinticuatro años, murieron al poco tiempo de nacer.

De todos ellos, cuatro se dedicaron a la música y son recordados por derecho propio —incluso en su época llegaron a ser mucho más famosos que su propio padre—: Wilhem Friedeman, Carl Philip Emanuel, Johann Christoph Friedrich y Johann Christian. También lo hizo el antes mencionado Johann Gottfried Bernhard, pero lamentablemente no tuvo tiempo de desarrollar su carrera.

Pero la saga de los Bach no comenzó con Johann Sebastian y su prole. Él mismo se dedicó a investigar sus antecedentes familiares y recogió la información en un manuscrito titulado *Ursprung der musicalish Bachsischen Familie —Origen de la familia Bach—*, en el que se remonta hasta su tatarabuelo Veidt Bach, un molinero húngaro que tocaba la cítara y se vio obligado a escapar a Alemania a finales del siglo XVI huyendo de las persecuciones religiosas. Aunque parece que a Bach no le hacía gracia la supuesta procedencia magiar de su estirpe y prefiere suponer que en realidad Veidt no era húngaro, y que al escapar no hacía más que regresar a su tierra natal.

El padre de Johann Sebastian se llamaba Johann Ambrosius y tenía un hermano gemelo, Johann Christoph. Ambos eran músicos de la corte del duque de Eisenach y según Carl Philipp Emanuel era tal el parecido entre ambos que ni sus propias esposas podían distinguirlos si no había mucha luz. Por eso les obligaban a vestir con ropa de colores diferentes, para evitar *confusiones pecaminosas*.

Existe cierta controversia acerca del retrato más famoso de Bach, que es el único pintado en vida del compositor, obra de Elias Gottlob Haussmann. En esa época los retratos habían dejado de ser un privilegio de la nobleza y estaba de moda entre la burguesía pudiente encargar pinturas que los

A pesar de la imagen de severidad con que lo asociamos —no en vano fue *Kapellmeister* y un riguroso practicante del credo luterano—, Bach era un amante de la buena vida con debilidad por el chocolate caliente, el tabaco de pipa, la cerveza —tres barriles al año, según los recibos encontrados—, el vino que le proporcionaba su primo Johan Elias, la sidra y el brandy.
En sus cuentas de gastos de cuando vivía en Leipzig se ve que gastaba más por estos conceptos que en el alojamiento, y en los documentos que se han conservado de su boda con Anna Magdalena consta que en el convite se sirvieron más de trescientos litros de vino.

inmortalizasen. Seguramente con el objetivo de agilizar la producción, Haussmann solía emplear en sus cuadros una misma composición fuera cual fuese el personaje a retratar, añadiendo los complementos necesarios según el oficio y posición del susodicho. Incluso llegaba a utilizar su propio rostro como modelo previo para sus retratos. Así que no podemos estar completamente seguros de que la cara que vemos en el cuadro sea la de Bach... o la de Haussmann.

La afinación temperada

A Bach le debemos una obra que contribuyó al establecimiento de las bases de la armonía moderna sustentada sobre los doce tonos que surgen de las notas de la escala cromática y el temperamento igual: *El clave bien temperado.*

Antes de entrar en materia conviene aclarar que la palabra clave del título no se refiere únicamente al clavecín, sino que es una traducción demasiado literal de *klavier* —teclado—, e incluye a cualquier instrumento de tecla como el propio clavecín, el clavicordio, el órgano, la espineta, el pianoforte o el piano actual.

Para empezar con la explicación señalemos que el término *temperamento* se refiere a la afinación de los instrumentos. Podemos tomar una nota cualquiera y afinar un teclado formando los intervalos a partir de ella siguiendo, por ejemplo, el sistema de afinación pitagórico. En este la frecuencia del sonido de cada nota guarda una relación matemática fija con con la del resto de las notas. Por ejemplo, la frecuencia de esa misma nota en la octava inmediatamente superior es el doble, y la mitad en la inferior —si un La tiene una frecuencia de 440Hz, el La de la octava superior tendrá 880, y el de la octava inferior 220—. La quinta guarda una proporción de 3/2 —660Hz—, 4/3 la cuarta, y así sucesivamente. En estos intervalos la proporción es bastante simple, pero no ocurre lo mismo con los demás. Por ejemplo, una tercera mayor tiene una proporción de 81/64 y una séptima de 243/128. Podemos afinar todo el teclado respetando con exactitud estas proporciones con respecto a la nota inicial, pero nos encontraremos con que una melodía que suena maravillosamente bien en esa tonalidad queda horriblemente desafinada si la intentamos transportar a otra. Esto es debido a que las proporciones entre los intervalos son exactas si se forman a partir de una nota dada, pero no lo serían si comenzáramos la melodía en ese mismo teclado afinado a partir de esa nota desde otra nota diferente. Por ejemplo, la nota Sol afinada desde el Do tendrá una frecuencia de 3/2 de esta —una quinta justa—, pero si tocamos la misma melodía empezando por el Fa, ese mismo Sol será una segunda mayor con respecto a esta nota —9/8—, que no coincidirá exactamente con la afinación con la que hemos preparado la tecla del Sol.

Para respetar la afinación perfecta sería necesario tener un teclado afinado teniendo como nota de referencia cada una de las doce notas de la escala, lo que evidentemente no es posible. Además, estas diferencias en la afinación se vuelven evidentes si se quiere modular —cambiar de tono en mitad de una pieza—, y si bien en un instrumento de viento o de cuerda se puede corregir esta discrepancia es imposible en uno de teclado, como resulta obvio.

Para compensar este efecto, poco a poco se fueron *desafinando* ligeramente algunos intervalos, de forma que se pudiera tocar con un mismo teclado en varias tonalidades, hasta llegar al *temperamento igual*, en el que todos lo semitonos están separados por la misma distancia. Es el sistema que se utiliza en la actualidad y supone una solución de compromiso: ningún intervalo tiene la afinación matemáticamente exacta, pero todos están aceptablemente bien afinados.

Aunque también hay quien, estableciendo correspondencias entre intervalos, planetas y estados de ánimo, defiende que con el sistema de temperamento igual se han perdido las supuestas propiedades terapéuticas de la música que tenía la afinación pitagórica.

J.S BACH.
EL CLAVE BIEN
TEMPERADO

El mérito de *El clave bien temperado* —*Das wohltemperierte Klavier* que, como hemos visto y aunque suene un poco más prosaico, debería traducirse por *El teclado bien afinado*— es que fue la primera obra que incluía piezas en todas las tonalidades mayores y menores que se pueden tocar con un mismo instrumento sin variar su afinación inicial, y con ella se demostró que era posible hacerlo. Lo componen cuarenta y ocho preludios e igual número de fugas, ordenados por tonalidades. Lamentablemente, Bach no pudo ver el alcance de su obra porque no se publicó hasta después de su muerte.

Bach y los números

Se piensa que Bach era aficionado a los números y a jugar con ellos en sus obras, pese a que ni él mismo ni sus hijos nos dejaron constancia escrita de ello. Aunque hay que reconocer que es cierto que retrasó su ingreso en la *Sociedad de la Ciencia Musical* hasta que se aseguró de que su número de socio sería el catorce.

Hay quien pretende ver en sus partituras continuas alusiones a este número y también al cuarenta y uno y al ciento cuarenta y cuatro. Pero ¿por qué precisamente estos números? ¿de dónde vienen?. La forma de llegar a ellos es muy sencilla: si atribuimos un valor a cada letra del alfabeto —uno para la A, dos para la B, tres para la C, etc.— y tomamos las del apellido Bach encontraremos que B=2, más A=1, más C=3, más H=8 nos da un total de 14. Si le añadimos el supuesto valor de las iniciales del nombre —J=9 (a la letra I también se le atribuye el mismo valor) y S=18— ya tenemos el 41. Por otro lado, si sumamos el de todas las letras de *Johann Sebastian* llegamos al 144.

Algunos encuentran estos números en sus obras contando el número de compases de determinada pieza o haciendo diversas operaciones aritméticas, pero también existe otra manera: si tenemos en cuenta que en la notación alemana la nota La se representa con una A, el Si bemol con una B —el Si natural con una H—, la C es el Do, la D el Re y así sucesivamente, ya tenemos un valor numérico que asignar a cada nota y así hacer nuestras cábalas. Seguro que encontraremos la forma de llegar a los números que nos interesan en la obra de Bach, aunque seguramente podríamos encontrar los mismos u otros diferentes que quisiéramos en cualquier texto o partitura que tuviera la suficiente extensión. Podemos dividir el número de compases de una frase por el valor de las notas del primer intervalo y sumarle el de las letras de la séptima palabra del texto contando desde el final, por ejemplo. Solo es cuestión de echarle imaginación y ser creativo.

Siguiendo la nomenclatura de las notas, Franz Liszt compuso su *Fantasie und Fuge über das Thema B.A.C.H —Fantasía y fuga sobre el tema B.A.C.H—*. El motivo de la fuga empieza, por supuesto, con las notas Si bemol, La, Do, Si natural. Algo similar hizo Shostakóvich con su propio nombre. En algunas obras se representó a sí mismo con el diseño Re, Mi bemol, Do, Si: Dimitri SCHostakovich.

Entre la obra de Bach destaca su música religiosa: compuso casi trescientas cantatas destinadas a atender los servicios litúrgicos, varias misas y oratorios y cuatro *Pasiones* para el oficio del Viernes Santo —según San Mateo, San Juan, San Lucas y San Marcos—, aunque solo se han conservado las de San Mateo y San Juan. También realizó transcripciones para el teclado de conciertos de Vivaldi, Marcello y Albinoni. Gracias a ellas se pudo recuperar tiempo después la obra perdida de estos compositores.

Una cuestión de vista

Además de ser dos de los más grandes compositores barrocos, Bach y Haendel comparten otro honor, en este caso mucho más dudoso: haber padecido los servicios de un insigne cirujano, el británico John Taylor.

Si las condiciones sanitarias de la época ya de por sí no eran las mejores, las cosas empeoraban cuando uno se ponía en manos de un auténtico matasanos como el susodicho. Parece ser que Taylor ya había empezado con mal pie su prometedora carrera de oftalmólogo en su localidad natal de Norwich, porque varios clientes poco satisfechos con tu trabajo decidieron quemar su casa y tirarle al río. Quizá para evitar otro episodio similar decidió comprar un carromato y recorrer el país ofreciendo sus servicios.

Como parece que el marketing se le daba mejor que la oftalmología, al encaminarse hacia una localidad se hacía preceder por personas que ensalzaban las bondades de sus tratamientos, con lo que ya tenía al público bien predispuesto antes de pronunciar su discurso triunfal nada más llegar. Además de su probada capacidad para la oratoria propagandística, sirva como muestra del alto concepto que tenía de sí mismo el título de su autobiografía publicada en 1761: *The Life and Extraordinary History of the Chevalier John Taylor, Ophthalmiater Pontifical, Imperial, Royal* —*La vida y la extraordinaria historia del caballero John Taylor, oftalmólogo pontificio, imperial, real*—, títulos según él merecidos porque, si hemos de creerle, había tratado al papa, al emperador del Sacro Imperio Romano Germánico y al virrey de la India. Incluso tenía su propio eslogan: «*Qui dat videre dat vivere*» —*quien da la vista da la vida*—. Quizá habría que haberle preguntado si en su opinión quien quita la vista es un asesino.

Aun así, pese a toda esta inversión en publicidad no debía estar demasiado seguro de sus resultados, porque solía terminar sus intervenciones —por supuesto, sin anestesia— vendando los ojos del paciente y recomendándole encarecidamente que no los destapara en varios días. Seguro que algún malpensado dirá que era para poner pies en polvorosa y encontrarse ya a la suficiente distancia y sin temor a las posibles represalias de pacientes descontentos, como los de su pueblo.

Sin embargo, y a pesar de su historial, con cientos de personas que habían perdido la vista por su culpa, gracias a su don de gentes fue ascendiendo en la escala social hasta llegar a ser nada menos que el oftalmólogo personal del rey Jorge II.

En 1750, durante una de sus giras por Europa —esos mismos mal pensados dirán que se había ido aún más lejos para poner tierra de por medio con sus víctimas— fue contratado en Leipzig para operar de cataratas a

El oftalmólogo británico John Taylor, supuestamente especializado en el tratamiento de cataratas, tuvo como clientes -o víctimas- a Bach y Haendel.

Bach. Como cabía esperar, esa primera operación no dio resultado, ni tampoco la segunda practicada a los dos días, y Bach quedó definitivamente ciego para los cuatro meses que le quedaban de vida.

Un par de años después lo mismo le ocurriría a Haendel, esta vez en Kent, Inglaterra, pero este al menos tuvo la fortuna de vivir mucho más, diecisiete años. Ciego, eso sí.

Y es que no es para menos viendo la técnica empleada entonces para la operación de cataratas: se practicaba una incisión en el globo ocular para extraer el cristalino, se aplanaba con un pequeño mazo y se volvía a implantar. Todo ello con un instrumental sin esterilizar —Pasteur nacería setenta y cinco años después— y como ya se ha dicho, sin anestesia.

Mejor suerte que Bach, Haendel y muchos otros corrió un compositor bastante menos conocido, Alessandro di Guardia di Verdi —aunque en realidad se llamaba Alejandro Laguardia Olavarrieta y era natural de Laguardia, Álava—. La cuestión es que este tal Alejandro tenía unos acercamientos sexuales más que comprometedores con sus compañeros del seminario de los jesuitas donde estudiaba, así que estos decidieron mandarlo a Italia para ver si el joven se reformaba. Pero una vez allí parece ser que su actitud no mejoró gran cosa y al tiempo contrajo la sífilis, lo que le causó graves problemas de vista y, como no podía ser menos en esta historia, cayó en las manos de Taylor. Podría haber acabado como los cientos de víctimas de este medicastro, pero lo que le libró de peores consecuencias fue precisamente lo que le había llevado hasta Italia y provocado su enfermedad. No contento con querer recibir su tratamiento para recuperar la vista también intentó seducir al oculista, que afortunadamente para Alessandro huyó despavorido.

La historia no puede acabar de otra manera que con el propio Taylor perdiendo paulatinamente la visión e intentando operarse él mismo, como si no hubiera tenido suficiente con los cientos de fracasos y carnicerías perpetradas sobre sus pobres pacientes. Obviamente, murió ciego.

Il prete rosso

Antonio Lucio Vivaldi nació en Venecia, probablemente el cuatro de marzo de 1678, y fue bautizado inmediatamente en su propia casa *per pericolo di morte*. De hecho los problemas de salud derivados del asma —o *strettezza di petto*, estrechez de pecho— que padecía lo acompañaron durante toda su vida y fueron la causa principal de que a pesar de ser sacerdote apenas oficiara misa. No obstante, su condición de eclesiástico y su cabello pelirrojo le han otorgado para la posteridad el sobrenombre de *Il prete rosso*, el cura pelirrojo.

Sobre su asma y el alejamiento de los oficios el propio Vivaldi diría: «después de haber sido ordenado sacerdote dije misa durante un año, pero decidí no volver a hacerlo por haber tenido que abandonar el altar a causa de mi enfermedad en tres ocasiones. Vivo casi siempre en interiores y nunca salgo si no es en góndola o en carruaje, ya que no puedo caminar sin sentir dolor y opresión en el pecho». Liberado de sus obligaciones religiosas, en 1703 empezó a trabajar como profesor de violín y director musical del *Hospedale della Pietà*, institución para cuyos conciertos compondría la mayor parte de su obra sacra, vocal e instrumental.

Antonio Vivaldi, conocido como *Il prete rosso* pese a que rara vez ofició misa debido a sus problemas de salud.

Este *Hospedale* acogía a huérfanos, la mayoría niñas, y también a recién nacidos ilegítimos fruto de los deslices de la nobleza. Contaba con una orquesta de casi sesenta instrumentistas y se mantuvo en activo hasta los años treinta del siglo XIX. Entre sus paredes se formaron instrumentistas y compositoras como Anna Bon di Venezia, que no era huérfana, sino hija de una soprano y un arquitecto y escenógrafo. En 1756 llegó a ser *virtuosa di musica di camera* en la corte de Bayreuth de Federico II el Grande, al que dedicó sus seis Sonatas para flauta y sus seis Divertimentos para flauta y continuo. Posteriormente marchó al palacio Esterházy de Hungría donde Haydn era el maestro de capilla. Otras huéspedes del hospedale fueron Michielina della Pietà —que fue organista, violinista y profesora—, Santa della Pietà —contralto, violinista y compositora—, Agata della Pietà —so-

Al comienzo de la carrera de Vivaldi, una de sus óperas, *Arsilda, regina di Ponto*, tuvo ciertos problemas con la censura que retrasaron su estreno en 1716. La cuestión era que en el argumento algunos pretendieron ver una historia lésbica: al morir el rey de Cilicia su viuda queda como regente hasta que su hijo Tamese tenga la edad de subir al trono. Arsilda, hija del rey de Ponto está prometida a Tamese, que al parecer se ha perdido en alta mar —aunque ella no lo sabe—. La reina obliga a la hermana gemela de este, Lisea, a disfrazarse de su hermano para no perder el derecho al trono, reservado al hijo varón del rey. Al poco Arsilda está decepcionada por la falta de interés del «rey» hacia ella, y Lisea está celosa porque el que era su novio se ha olvidado de ella y parece ir detrás de Arsilda. Para acabar de liar la historia acaba apareciendo Tamese disfrazado de jardinero de palacio y Arsilda se muestra irresistiblemente atraída. Todo un embrollo de falsas identidades con un toque de travestismo.

prano, profesora de canto y administradora de la escuela— y Anna Maria della Pietà.

Esta última era la alumna favorita de Vivaldi, y para ella compuso unos veinticinco conciertos para violín y para viola d´amore. Estos últimos llevaban una discreta dedicatoria: *concerti per viola d´AMore* —con la A y la M en mayúsculas, las iniciales de Anna Maria—. Anna Maria fue directora de la orquesta de la escuela, puesto en el que más adelante le sucedería Santa, que había estudiado violín con ella.

También conocemos el nombre de otras alumnas de Vivaldi en el *hospedale*: Annetta, Maria Bolognese, Pellegrina, Lucietta, Prudenza, Apollonia, Chiaretta... En algunas partituras de Vivaldi incluso se puede ver para cuál de ellas estaba escrita, porque a veces no indicaba el instrumento, sino simplemente el nombre de la instrumentista.

Como no puede ser menos en este ambiente, a Vivaldi se le atribuyen con mayor o menor fundamento varios líos de faldas, como su presunta relación con Anna Girò, *La Mantovana*, una contralto que colaboró asiduamente con el compositor y al que acompañó en muchos de sus viajes junto con su hermana Paolina. De todas formas, Vivaldi siempre negó que se tratara de algo más que de una relación meramente profesional. Sea cual sea la verdad, ¿qué iba a decir si no?

A. VIVALDI.
LAS CUATRO
ESTACIONES

Probablemente la obra más conocida de Vivaldi sea la colección de cuatro conciertos para violín y orquesta titulada *Las cuatro estaciones —Le quattro stagioni—*. Cada uno de ellos está acompañado de un soneto en el que el autor explica cuál era la idea o el ambiente que quería representar con su música. No está clara la autoría de estos textos o si fueron anteriores o posteriores a la composición de la música, pero la estructura de todos ellos, claramente divididos en tres partes, como los habituales tres movimientos de un concierto, permiten pensar que fueron obra del propio Vivaldi.

Se trata de uno de los primeros ejemplos de *música programática*. Es decir, música que pretende describir algo más allá que la música en sí misma. *Las cuatro estaciones* forma parte de un conjunto de doce conciertos titulado *Il cimento dell'armonia e dell'inventione Op.8*. Algunos de los otros conciertos de la colección también tienen títulos evocadores, como *La tempesta di mare —La tempestad en el mar—*, *Il piacere —El placer—* o *La caccia —La caza—*.

En el principio de los poemas dedicados a cada una de las estaciones podemos leer: «Llegó la primavera y festejándolo la saludan los pájaros con alegre canto. Bajo el soplo del Céfiro las fuentes con dulce murmullo fluyen entretanto», «bajo la dura estación por el Sol encendida languidece el hombre, languidece el rebaño y arde el pino», «celebra el rústico con bailes y cantos la feliz vendimia y el alegre placer, y todos encendidos por el licor de Baco acaban en sueño su gozo» o «helado tiritar entre la nieve plateada al severo soplo del espantoso viento. Correr, batiendo los pies en todo momento y con el castañetear de los dientes». Resulta fácil recordar con estos versos las sensaciones de la primavera, el verano, el otoño y el invierno, respectivamente, y aún más si se están acompañados por la música de Vivaldi.

Tras la muerte de Vivaldi en 1741 su obra quedó en el más completo olvido, como la de muchos autores de su tiempo. Debemos tener en cuenta que se trataba de la música actual de entonces, y que una vez que cambiaban los gustos pasaba de moda y no habría un interés serio por recuperarla hasta pasadas varias décadas. Fue Félix Mendelssohn el que redescubrió en 1829 la música sacra de J.S. Bach, sus oratorios, pasiones y cantatas. Entre los manuscritos de Bach que se fueron hallando durante los años siguientes había algunos en los que, según solía hacer, había transcrito varios conciertos de un tal A.L. Vivaldi, que para entonces ya era un completo desconocido.

Así empezamos a tener noticia de la obra de *il prete rosso*, pero no fue este un proceso inmediato. El grueso de la obra de Vivaldi no se recuperó hasta 1929 gracias a la labor de Alberto Gentilli, profesor de historia de la música de la universidad de Turín.

Las otras *Cuatro estaciones*

El mismo tema de las cuatro estaciones inspiró a finales de la década de 1960 al bandoneonista y compositor argentino Astor Piazzolla su obra *Las cuatro estaciones porteñas* para violín, piano, guitarra eléctrica, contrabajo y bandoneón —aunque en el invierno inicialmente sustituyera el violín por la viola—. En estas supo combinar de forma magistral la música clásica con la música popular de su país, y con algunos recuerdos del original de Vivaldi.

Piazzolla estudió en París con Nadia Boulanger, una de las profesoras más influyentes en la música del siglo XX, de la que hablaremos más adelante. Hasta ese momento Piazzolla dudaba entre ser un compositor clásico o dedicarse definitivamente al tango, quizá algo acomplejado por el carác-

Astor Piazzolla, que tras una profunda reflexión supo combinar de forma magistral la música clásica con la música popular de su país.

ter popular y arrabalero de este último. Pero un día, detectando que algo faltaba en la obra de su alumno, Boulanger le pidió que tocara al piano algo de la música que solía hacer en Buenos Aires. Al terminar Piazzolla de tocar le dijo: «no abandone jamás esto. Esta es su música. Aquí está Piazzolla».

Productividad barroca

Vivaldi compuso, además de sus óperas y música sacra, más de quinientos conciertos para diversos instrumentos —doscientos veinte para violín— en los que algunos ven cierta repetición y una presunta falta de originalidad. Pero no es Vivaldi el único autor prolífico del Barroco: Alessandro Scarlatti compuso seiscientas cantatas y su hijo Doménico quinientas cincuenta y cinco sonatas. De Telemann se dice que jamás fue capaz de contar todas sus obras.

A. Piazzolla. Las cuatro estaciones porteñas

Igor Stravinski dijo de Vivaldi: «No compuso quinientos conciertos, compuso el mismo concierto quinientas veces».

Pero debemos entender esta producción en el contexto de la época. El compositor era en la mayoría de las ocasiones un empleado más al servicio de una institución, de una corte o de un mecenas, y estaba contratado para proporcionar las obras musicales que necesitaban para sus actos sociales y ceremonias. Bach, por ejemplo, tenía que componer una cantata a la semana para la iglesia de Santo Tomás de Leipzig, lo que explica que llegara a las doscientas cincuenta.

Aunque también estos autores tenían sus trucos. En un tiempo en el que no primaba la originalidad entendida como lo es hoy en día, como la creación de algo nuevo e irrepetible, sino como la capacidad de combinar de forma armoniosa una serie de elementos ya conocidos, podemos encontrar el mismo material musical en varias obras del mismo autor. Así, veremos partes de un concierto de Bach en una de sus cantatas, o arias de ópera de Haendel en sus oratorios, o también adaptadas como piezas instrumentales. 𝄞

Historias del Clasicismo

El Clasicismo supuso en las artes una ruptura con los excesos del Barroco y una vuelta las líneas limpias y ordenadas propias del mundo antiguo. En la música se caracteriza por la simplicidad en las formas y el gusto por lo equilibrado y la simetría. Resulta curioso que, a pesar de haber durado este período apenas cincuenta años, haya resultado ser el término con el que conocemos a todo un universo de música que engloba a todos los estilos y épocas: la música clásica.

Uno de los hijos de Bach, Johann Christian —llamado *El Bach de Londres*—, se fue alejando del estilo recargado del Barroco y del virtuosismo vigente hasta entonces, y con su *estilo galante* y sus acompañamientos sencillos fue señalando el camino de la evolución hacia el Clasicismo. En esta evolución colaboraron sus hermanos Wilhem Friedemann y Carl Philipp Emmanuel, y también otros compositores como Gluck.

Los compositores más representativos de esta breve época son Haydn y Mozart, y también el joven Beethoven, que a su vez fue evolu-

En aquellos tiempos era habitual que se tradujera el nombre de la persona según el lugar donde se encontraba, y así es como Giovanni Battisa Lulli pasó a ser Jean-Baptiste Lully. Otro buen ejemplo es Johann Christian Bach, que era Giovanni Bachi en Italia y John Bach en Inglaterra.

cionando hacia un estilo que se iba acercando al Romanticismo que llegaría inmediatamente después.

La *Querelle des Gluckistes et des Piccinnistes*

Entre 1775 y 1779 volvió a librarse en París una disputa bastante inusual, una vez más entre los partidarios de la ópera francesa y los de la italiana. Para poner fin a la discusión, los dos compositores más representativos de cada una de las tendencias —Chistoph Willibald Gluck por la primera y Niccolò Piccini por la segunda— se retaron a instancias del director de la Ópera de París, De Vismes du Valgay, a componer cada uno una obra sobre un mismo tema: *Ifigenia en Tauride* de Eurípides. Compitieron con dos libretos diferentes —el libreto es el texto que acompaña a la música de una ópera—, uno de Alphonse du Congé Dubreuil para Piccini y otro de Nicolas François Guillard para Gluck.

Las crónicas cuentan que la competición resultó ser bastante desigual: mientras la ópera de Gluck se estrenó en 1779 con un gran éxito, quizá el mayor de su carrera, la de Piccini no se estrenó hasta 1781 y en la actualidad se representa en contadas ocasiones. A pesar de todo y de la disputa estilística entre estos dos grandes compositores que animaban los defensores de cada uno, la realidad es que no había nada personal en este reto y que ambos se admiraban mutuamente.

Con su obra Gluck culmina la reforma de la ópera y la encamina hacia nuevos estilos. Sustituye el acompañamiento de los recitativos hasta entonces únicamente confiado al continuo, algo característico

A Gluck le encantaban el dinero y la buena comida, y estaba orgulloso de mostrarlo. Cuando en cierta ocasión alguien le preguntó «maestro, ¿qué es lo que preferís en el mundo?», este le contestó «tres cosas: el dinero, el vino y la gloria». Su interlocutor, sorprendido ante una respuesta tan mundana, le replicó «pero ¿cómo? Para vos, ¡un músico! ¿La gloria viene después del dinero y del vino? No sois sincero». «Es bien sencillo» —respondió Gluck— «con el dinero compro vino, el vino despierta mi ingenio y este me trae la gloria».

del barroco, como hemos visto, por un acompañamiento a cargo de toda la orquesta de cuerda o incluso con más instrumentos. También dio más importancia al argumento de sus óperas y puso fin a los excesos de algunos cantantes que podían llegar sacrificar la continuidad de la representación para mostrar sus habilidades vocales. Incluso había sido costumbre cantar *arias di baule* —arias de baúl—, es decir, las arias preferidas por los cantantes que llevaban siempre consigo y que interpretaban para su propio lucimiento aunque no formaran parte de la ópera que estaban cantando.

El final de los *castrati*

Muchos de esos cantantes adictos al exhibicionismo vocal eran *castrati*, de los que se empezó a prescindir por esta época. Un *castrato* era un cantante varón al que entre los ocho y los doce años de edad se habían extirpado los testículos para conservar su voz aguda. Esta operación impedía producir hormonas masculinas, que son las responsables del cambio de voz en los adolescentes. Por si esto no fuera bastante escalofriante de por sí, tengamos en cuenta que a menudo la extirpación era llevada a cabo por un barbero que, en el mejor de los casos, utilizaba opio para sedar al paciente. Se calcula que en el siglo XVII se castraba a una media de cuatro mil niños al año, la mayoría de familias pobres, de los que quizá uno solo llegaba a alcanzar la fama como cantante. Una tasa de éxito mínima que se torna aún más terrible si pensamos que aproximadamente el veinte por ciento de los muchachos no sobrevivía a la operación.

Aunque también había algunos que pese a no alcanzar el Olimpo de los escenarios encontraban otra ocupación: los que habían sido castrados después de los diez años y habían podido desarrollar un pene adulto —normalmente este no se amputaba, sino solamente los conductos que alimentan de sangre a los testículos para que con el tiempo se marchitasen y cayeran—, al haber perdido la sensibilidad podían mantener una erección muy prolongada, por lo que eran considerados como los mejores amantes por las damas de la alta sociedad.

La voz resultante de la operación mantenía el timbre y la suavidad infantiles unidos a la potencia y la amplitud propias de un cantante adulto, pero aunque parezcan similares no se debe confundir la voz del *castrato* con la de un contratenor actual. En este último caso se trabaja el registro agudo con una técnica similar a la del falsete, sin ningún tipo de operación. Normalmente se trata de tenores que de esta manera son capaces de cantar en el registro de contralto —la voz grave femenina—.

Uno de los *castrati* más famosos fue sin duda Carlo Maria Broschi, *Farinelli*. Existen diferentes versiones sobre el porqué de su castración, porque

Algunos *castrati* estaban considerados como los mejores amantes por las damas de la alta sociedad.

Carlo no provenía de una familia pobre como era habitual en estos casos, sino probablemente de la baja nobleza. Una de las versiones dice que la familia tuvo serios problemas económicos al morir los padres, lo que llevó al hermano mayor de Farinelli, Riccardo, a convertirlo en *castrato* a fin de explotar la buena voz que prometía tener. La otra, que es la más aceptada en la actualidad, dice que la amputación fue debida a las heridas sufridas al caer del caballo. Pero persiste la sospecha de que esta supuesta caída podría no haber sido más que una de las múltiples excusas que se inventaban para justificar una intervención de este tipo.

Farinelli tomó este sobrenombre en agradecimiento al magistrado Farina, que fue el que durante muchos años le ayudó a costearse su formación y su manutención. Empezó su carrera en el sur de Italia, donde era conocido como *Il ragazzo* —el muchacho—, periplo que continuaría en Roma. Años después fue invitado a la corte madrileña por Isabel de Farnesio en un intento de aliviar los padecimientos de Felipe V, aquejado de trastorno bipolar, entre otras dolencias. Al parecer solo se calmaba si Farinelli le cantaba en su alcoba alguna de sus arias favoritas. El favor real recibido en recompensa por su éxito terapéutico le valió ser nombrado caballero y director de los teatros de Madrid y de Aranjuez. Pero a la larga su creciente poder en la corte de Felipe V y después de Fernando VI lo acabó convirtiendo en un personaje incómodo para los que le rodeaban. Cuando Carlos III llegó al trono lo despidió con la cruel frase «los capones solo son buenos en la mesa».

Es interesante la historia de otro *castrato*, Giusto Fernando Tenducci, de Siena, que se casó a los veinte años con Dorothea Maunsell, de quince, y según las memorias de Giacomo Casanova tuvieron dos hijos. Parecería imposible, pero la cuestión es que de niño se le habían extirpado dos testículos, pero había nacido con tres. Quizá el que le operó no andaba demasiado bien de la vista; debería haber visitado a John Taylor.

Farinelli, que llegó a Madrid en 1737 a pasar unos meses y se quedó casi veinticinco años, también dirigió el Colegio Real de Santa Bárbara de Niños Músicos en la calle de Leganitos. El cruel gracejo popular bautizó este colegio como la *Casa de los Capones*.

Aunque la costumbre de incluir *castrati* en las óperas cayó en desuso durante el siglo XIX no fue hasta 1903 que el papa Pío X prohibió la práctica de la castración por ser «una abominable costumbre contra la naturaleza humana». Paradójicamente había sido otro papa, Sixto V, quien la había favorecido cuatro siglos atrás al prohibir en 1588 que las mujeres cantaran, no solo en las iglesias sino en cualquier otro escenario, con lo que no quedaba más remedio que recurrir a los *castrati* cuando se requería un papel femenino.

El último castrato, Alessandro Moreschi, *L'angelo di Roma*, murió en 1922.

ALESSANDRO
MORESCHI

Mozart de principio a fin

Es bien sabida la precocidad de Mozart, Johannes Chrysostomus Wolfgangus Theophilus Mozart. Sí, Theophilus, aunque él prefería en lugar de la griega la forma latina de su nombre, con la que todos le conocemos: Amadeus. Ambas significan lo mismo «el que ama a Dios». Todavía falta

Wolfgang Amadeus y Maria Anna Mozart recorrieron desde niños las cortes
europeas en las giras de conciertos que les organizaba su padre Leopold.

un nombre es esta lista, Segismundo, que se le añadió en el momento de
su confirmación.

A los tres años Wolfgang era capaz de reproducir a oído melodías al
piano, con cuatro tocaba el clavicordio y a los seis ya tocaba el clavecín
y el violín. La primera obra de que se tiene constancia documental es su
Andante para teclado en Do mayor, K1a, y la última su célebre *Réquiem*. Entre
su *Andante infantil* y el *Réquiem* Mozart tuvo tiempo de componer unas
seiscientas obras, incluyendo sesenta y ocho sinfonías, cuarenta y cinco
conciertos y sonatas para piano, y treinta y seis sonatas para violín.

El citado *Andante* forma parte del *Nannerl Notenbuch* recopilado por su padre Leopold, un cuaderno con piezas que utilizaba para enseñar música a sus hijos, Wolfgang y Maria Anna. Tiene tan solo diez compases y fue transcrito en el cuaderno por Mozart padre, puesto que el hijo aún no sabía escribir. Pero para que quedara constancia de su autoría Leopold dejó anotado que había sido compuesto por Wolfgang a los cinco años de edad.

Maria Anna Walburga Ignatia, más conocida como Nannerl, era cuatro años mayor que su hermano y también una niña prodigio que junto con Wolfgang recorrió las cortes europeas en las giras de conciertos que organizaba su padre para explotar el talento de ambos.

De Maria Anna Leopold llegó a escribir: «Toca las partituras más difíciles de que diponemos con una increíble precisión y de manera excelente. Mi niña es uno de los músicos más hábiles de Europa». Lamentablemente, Nannerl interrumpió su carrera musical al alcanzar la edad en la que según la costumbre de la época se suponía que debía contraer matrimonio, a los diecisiete años. Al parecer no fue una decisión traumática para ella, y en lugar de rebelarse prefirió seguir de forma sumisa los designios de su padre. De esta forma, y para desgracia del devenir de la música, se convirtió en la esposa de un rico magistrado, como se esperaba de ella. No hay constancia directa de que Nannerl compusiera, pero se puede intuir en algunas cartas entre ella y Wolfgang, como en aquella en la que este le dice que siente «temor de no componer tan bien como tú. La última canción que has escrito es muy hermosa». Pese a todo, Maria Anna Walburga Ignatia Mozart siguió tocando el piano y dando clases hasta su muerte en 1829.

Su hermano Wolfgang Amadeus no dejó de componer durante toda su vida, afortunadamente para nosotros. Estuvo escribiendo hasta sus últimos días, a finales de 1791, en un intento de finalizar su *Réquiem*, pero la muerte le atrapó en pleno trabajo, como quedó reflejado en la película de Milos Forman *Amadeus*. En esta se muestra cómo un misterioso personaje vestido de gris encarga a Mozart la composición de una misa de difuntos, y cómo este imagina ver en el lúgubre mensajero la figura de su padre muerto cuatro años antes, como si fuera una funesta premonición. Aunque la realidad suele ser más prosaica, y lo más probable es que el autor del encargo en realidad fuera el abogado Johann Nepomuk Sortschan, enviado por el conde Franz von Walsegg, que quería dedicar la obra a su esposa recientemente fallecida.

Sea como fuere, la petición causó a Mozart una gran extrañeza, acostumbrado a que los encargos de particulares consistieran en pequeñas piezas tales como cuartetos, danzas o cantatas. Además, Mozart nunca había compuesto ningún réquiem.

El conde Walsegg, que dirigirá el *Réquiem* en honor de su esposa en 1793, no sabía escribir

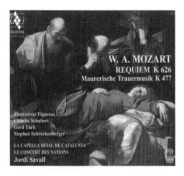

una nota, pero ansiaba ser un compositor famoso. Su estrategia consistía en hacer en secreto este tipo de encargos a autores conocidos, poner su nombre en la partitura y hacer interpretar las obras en su castillo de Stuppach por su propia orquesta delante de sus amistades. Estas quedaban admiradas no solo por su talento, sino también por su versatili-

dad —algo que no es de extrañar si tenemos en cuenta que cada pieza era en realidad de un autor diferente—. Nos da una idea acerca del concepto de propiedad intelectual que existía en la época saber que el conde, lejos de sentir reparos, consideraba evidente que esas obras le pertenecían legítimamente a él, puesto que era quien las había pagado.

El misterioso mensajero nunca quiso revelar su identidad a Mozart, y a pesar de que éste intentó hacer sus propias averiguaciones todas resultaron infructuosas. Al menos, la siniestra figura le había dicho que no había prisa, que podía tomarse el tiempo que necesitase para acabar la obra. Hasta que un día volvió a presentarse en su casa y le dijo que ya había llegado el momento. Unos meses antes Mozart no habría dado mayor importancia a la súbita pre-

Retrato de Constance Weber, prima del compositor Carl Maria von Weber y esposa de Wolfgang Amadeus Mozart.

mura por acabar el encargo, pero su salud ya estaba bastante perjudicada y volvieron a su cabeza las ideas sobre si el hombre de gris no sería un enviado del más allá que le anunciaba que se avecinaba su propia muerte, y si no estaría en realidad componiendo su propia misa de difuntos. Mozart escribió a Lorenzo da Ponte, uno de sus libretistas: «La imagen de ese hombre no cesa de acosarme. Lo veo siempre frente a mí hostigándome, reprochándome mi lentitud y reclamando con brusquedad la obra prometida. […] Sé que el final de mi vida está próximo, que no tardaré en morir. Estoy al límite de mis fuerzas, con todo lo que me queda por hacer y con tantas ganas de vivir».

El *Réquiem* fue finalmente completado por el clarinetista Franz Xaver Süssmayr por encargo de la viuda de Mozart, Constance Weber. Este Süssmayr era alumno de Mozart y también lo había sido de Salieri, otro de los protagonistas de la película al que a menudo se acusa sin fundamento de haber causado la muerte de Mozart.

Los aficionados a las conspiraciones podrían encontrar un cierto paralelismo entre la muerte de Süssmayr por tuberculosis a los treinta y siete años con la de Mozart, que lo hizo a los treinta y cinco, o con la de Joseph Leopold Eybler, al que Constance también había propuesto terminar la obra. Si bien Eybler murió a la avanzada edad de ochenta y un años, lo hizo al sufrir un derrame cerebral mientras estaba dirigiendo, precisamente, el Réquiem de Mozart.

Nikolai Rimski-Korsakov es el autor de una ópera muy curiosa con libreto de Alexander Pushkin: *Mozart y Salieri* —en el que, por cierto, se basa más la película *Amadeus* que en la historia real—. Como es de suponer, trata de la rivalidad entre estos dos compositores y del supuesto asesinato de Mozart a manos del italiano, que le va envenenando poco a poco a causa de la envidia y de su rivalidad profesional. No existen pruebas de tal envenenamiento más allá de las alucinaciones de Mozart en sus últimos días, pero es una idea que ha calado entre los aficionados a la música y que no hace justicia al que fue uno de los grandes compositores y profesores del Clasicismo. Salieri fue maestro de Beethoven y de Schubert, entre otros, pero ha quedado para nosotros oculto por la sombra del genio de Mozart, pese a que en su tiempo gozaba al menos del mismo prestigio y reconocimiento del público.

Quizá el motivo de la leyenda negra en torno a Salieri no sea otro que los celos que provocaba entre los músicos locales del momento el hecho de que un extranjero hubiera logrado en Viena tan alta consideración.

W.A. Mozart. Réquiem

En la célebre *Aria del catálogo* de la ópera *Don Giovanni* el criado de este, Leporello, enumera las conquistas amorosas de su amo, Don Juan: «en Italia, 640; en Alemania, 231; en Francia, 100; en Turquía, 91; y en España son ya 1003».

Mozart también tiene algunas piezas con un sentido del humor algo —digámoslo finamente— burdo. Por ejemplo, compuso un canon cuyo título puede sonar muy serio en alemán —*Leck Mich mi Arsch en Si bemol mayor K.231/382c*—, pero su traducción literal es *lámeme el trasero* —ahora también hemos sido elegantes, ¿verdad?—.

Esta afición por lo escatológico ha hecho pensar a muchos que Mozart sufría el Síndrome de Tourette, caracterizado por tener múltiples tics y prorrumpir en involuntarias exclamaciones obscenas o inapropiadas, expresiones vulgares e insultos, lo que se conoce como coprolalia —del griego: prefijo *copro*, excremento, y sufijo *lalia*, habla. El lector puede intentar su propia traducción—. Algo de eso se puede detectar en algunas cartas de Mozart que aún se conservan.

Mozart era plenamente consciente de su facilidad para la música. Cuando en cierta ocasión un joven con aspiraciones a compositor preguntó a Mozart cómo debía componer una sinfonía este le contestó: «eres demasiado joven, mejor si empiezas escribiendo una canción». El aspirante a compositor, no contento con la respuesta replicó: «pero, maestro, usted ya componía sinfonías con diez años». Respuesta final de Mozart: «sí, pero yo no nunca tuve que preguntar a nadie cómo hacerlo».

Otra muestra de su facilidad y de la confianza en sí mismo es que compuso la obertura de la ópera *Don Giovanni* el mismo día de su estreno, aunque hay quien afirma que eso no es cierto y que lo hizo con mucha más antelación: la víspera. Un ejemplo claro de que genialidad y procrastinación no están reñidas.

La flauta mágica y la masonería

Hay quien pretende encontrar los orígenes de la masonería en el sufismo, una rama del Islam cuyos practicantes se reparten en diferentes congregaciones formadas alrededor de un maestro, cuya autoridad se remonta hasta Mahoma a través de una serie de maestros sucesivos.

Mozart dejó patente su pertenencia a la masonería en varias de sus obras,
pero la que mejor resume su ideario es la *La flauta mágica*.

Según esta teoría habrían sido los templarios quienes introdujeron sus
prácticas en Europa.

Lo que sí parece cierto es que su desarrollo tuvo lugar entre los constructores de catedrales. Durante la Edad Media se construyeron en Francia ochenta
catedrales y más de quinientas iglesias de gran tamaño, además de pequeñas
iglesias parroquiales, y se entabló una competición entre las ciudades por tener
la catedral más alta. El conocimiento de los secretos de la técnica constructiva
proporcionaba una innegable ventaja a aquel que los poseía, y dado que la
construcción de una catedral era una tarea que se prolongaba más de cien años
era necesario transmitirlos de una generación a otra de constructores sin que
se difundiera el secreto fuera del círculo de iniciados. Estos tenían un deber de
obediencia a Dios, al rey y a su maestro, y la obligación de mantener el secreto.
La transmisión de los conocimientos y el deber de obediencia se aseguraban
por medio de un sistema basado en rituales.

El origen palabra masón se encuentra en estos comienzos gremiales
de la institución: *maçon*, en francés, o *mason*, en inglés, significa albañil, y
el término francmasón con el que también se les conoce proviene de *franc
maçon* o *free mason*, albañil libre, porque estos grupos de trabajadores cua-
lificados podían desplazarse a otro lugar una vez que la obra había acabado
en una determinada ciudad.

Con el paso del tiempo este conocimiento práctico que debía ser
transmitido se fue volviendo más teórico y los secretos compartidos fue-

ron adquiriendo un carácter filosófico, aunque los iniciados debían seguir respetando las mismas obligaciones de secreto que antaño. Este fue el paso de la masonería operativa a la masonería especulativa, en cuya base está la creencia en el Gran Arquitecto del Universo —que normalmente se abrevia con el acrónimo G.A.D.U— como el principio creador de todo lo que existe.

El rey Federico II de Prusia era un gran mecenas de las artes y de la música y un flautista aventajado. También era masón y fue uno de los fundadores de la logia *Los tres globos* de Berlín. Tal vez influido por los rituales de secreto de la masonería era muy aficionado a los criptogramas. En una ocasión envió una invitación a Voltaire, que no era masón pero al que gustaba este tipo de juegos, con este breve texto:

$$\frac{\underline{P}}{Venez} \quad à \quad \frac{6}{100}$$

Al que Voltaire contestó de forma aún más escueta: **G a**
Aunque parezca un galimatías incomprensible tiene su explicación, si bien es mejor saber un poco de francés. La nota de Federico, si la traducimos al castellano diría: *Venez debajo de P a cien debajo de seis*. No tiene sentido, pero en francés sería *venez sous P à cent sous six*, que suena prácticamente igual que *venez souper à Sans Souci: venid a cenar a Sanssouci* —el nombre de su palacio—. Y la respuesta de Voltaire: *G grande a pequeña, G grand a petit —j´ai grand appétit, tengo un gran apetito—*.

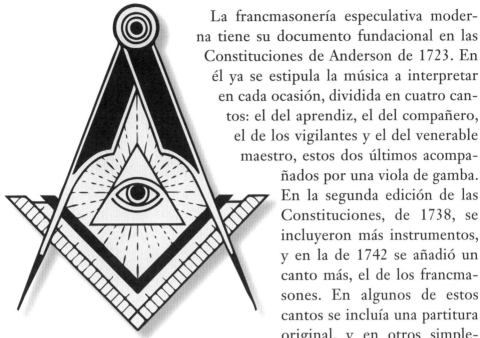

Wolfgang Amadeus Mozart perteneció
a varias logias masónicas de Viena.

La francmasonería especulativa moderna tiene su documento fundacional en las Constituciones de Anderson de 1723. En él ya se estipula la música a interpretar en cada ocasión, dividida en cuatro cantos: el del aprendiz, el del compañero, el de los vigilantes y el del venerable maestro, estos dos últimos acompañados por una viola de gamba. En la segunda edición de las Constituciones, de 1738, se incluyeron más instrumentos, y en la de 1742 se añadió un canto más, el de los francmasones. En algunos de estos cantos se incluía una partitura original, y en otros simplemente se indicaba qué canción popular debía acompañar al texto.

Los músicos masones se agrupaban en *columnas de armonía*, conjuntos que interpretaban la música en los rituales a cambio de estar exentos de pagar la cuota anual de la institución, y empezaron a reunirse en las tabernas de Londres, que tenían el nombre de *music house*. En esa misma ciudad Francesco Geminiani llegó al grado de maestro de la logia *Philomusicae* en 1725, y en 1776 se inauguró la sede de la Gran Logia de Inglaterra, en cuya ceremonia participó Johann Cristian Bach, pero no se iniciaría hasta dos años más tarde. Lo haría en la logia *Las nueve musas*.

Pero el músico más famoso relacionado con la masonería es sin duda Wolfgang Amadeus Mozart. Aunque existe cierta controversia acerca del momento de su iniciación y en qué logia lo hizo, la versión más aceptada es la que dice que se inició en la logia *La beneficencia* de Viena, una de las más modestas, y que posteriormente perteneció a *La nueva esperanza coronada* y *La esperanza coronada*, de la que el venerable maestro era Nikolaus Esterházy, el protector de Haydn, que también era masón. La pertenencia de Mozart a la masonería queda patente en varias de sus obras, como en la *Música fúnebre masónica*, pero sobre todo en *La flauta mágica*. —*Die Zauberflöte*—.

El argumento de esta ópera es sencillo: Tamino debe rescatar a Pamina, la hija de la Reina de la Noche, que está secuestrada por el malvado Sarastro. Pero al llegar al reino de este, Tamino se da cuenta de que las cosas no son lo que parecen y que Pamina no está realmente prisionera, sino protegida por Sarastro, que es el maestro de una sociedad de iniciados —que inevitablemente recuerda a la masonería—. Tamino y Pamina finalmente deciden quedarse en este reino, pero para ello deberán hacer frente a varias pruebas.

En esta ópera todos sus personajes están cargados de simbolismo: la Reina de la Noche representa a las tinieblas enfrentadas a la luz de Sarastro, el sacerdote del Sol, Pamina es el alma humana presa de las fuerzas tenebrosas, que alcanzará la luz gracias al amor y a la ayuda de Tamino. Los dos son complementarios y su unión tras haber vencido todos los peligros y superar las pruebas representa al ser humano en plenitud.

Del lado de la reina de la Noche están las Tres Damas, que tratan de hacer fracasar a la pareja. Estas Damas recuerdan a las Moiras de la mitología griega, que eran tres diosas hermanas que vivían en el Inframundo y representan al Destino: Cloto es la encargada de preparar el hilo de la vida, mezclando las hebras de lana blanca con otras de lana negra para los momentos malos e hilos de oro para los momentos felices, Laquesis mueve la rueca donde se mezclan y se hilan, y Atropos la que corta el hilo y con ello llega la muerte. La vida de todos está supeditada a los designios de las tres diosas. Encontramos su equivalente en la mitología romana con el nombre de Parcas —Nona, Décima y Morta—.

También está al servicio de la Reina de la Noche Papageno, el pajarero, que simboliza la inocencia de un ser salido de la naturaleza. Parece chocante que un personaje bondadoso esté al servicio de otro que representa a la oscuridad, pero no es la única contradicción aparente: el malvado Monostatos es el jefe de la guardia de Sarastro, el sumo sacerdote justo y sereno. En realidad Mozart está representando con estos personajes la idea de que en ocasiones el mal sirve al bien y el bien al mal, uno de los principios de la doctrina masónica, que permitía emplear medios poco confesables para lograr el triunfo final de sus ideales más elevados.

En *La flauta mágica* aparece continuamente el número tres, fundamental en todos los rituales masónicos. Por ejemplo, son tres Damas, tres las cualidades del protagonista, tres las pruebas iniciáticas que debe superar, tres templos y los tres instrumentos mágicos que le ayudarán a superar las pruebas. Uno de esos instrumentos es la flauta que da título a la ópera, fabricada con la madera de un roble milenario, que representa la fuerza creadora del artista y la magia de la música, que hacen que los animales del bosque se arremolinen en torno a Tamino atraídos por su poder cautivador, como si fuera el flautista de Hamelín. Es la naturaleza que responde a la llamada de la música, que además conseguirá dominar a los elementos en la última de las pruebas. También son tres los muchachos que acompañan a Tamino al bosque, que representan a la Fe, el Amor y la Esperanza. Mozart los veía en su imaginación más bien como unos ángeles y Schikaneder, el libretista, captó la idea, les puso unas alas y diseño un dispositivo mecánico mediante el cual podían revolotear por encima del escenario.

A Mozart no le gustaban todos los instrumentos por igual, y quizá el que menos apreciaba era precisamente la flauta. Los conciertos que compuso para este instrumento fueron hechos por encargo, y siempre que podía lo sustituía en la orquesta por el clarinete. Se cuenta que decía: «la única cosa que hay peor que una flauta, son dos flautas».

Mozart también compuso numerosas piezas para ser interpretadas en los rituales masónicos, algunas con títulos tan explícitos como *Breve cantata para la inauguración de un templo*, *Cantata sobre el Maestro del Universo*, *Cantata sobre el espíritu del Gran Todo*, *Oh, santo vínculo de la amistad*, *Canción para el viaje del compañero; a ti que accedes al nuevo grado*, *La alegría masónica* o *Vosotros los que honráis al Creador del Universo*. A pesar de todo, el ser masón no le impidió ser también un católico piadoso que disfrutaba honrando las fiestas de guarda.

El de Mozart no es un caso único. Otros músicos célebres que han pertenecido a la masonería fueron Françoise Couperin, Jean Philippe Rameau, Johann Nepomuk Hummel, Leopold y Franz Xaver Mozart —padre e hijo de Wolfgang, respectivamente—, Franz Schubert, Joseph Strauss, Héctor Berlioz, Jean Sibelius, Franz Liszt, Luigi Cherubini, Charles Gounod, Joseph Joachim, Camille Saint-Saëns, Giacomo Puccini, Sergei Rachmaninov y George Gershwin. Pero la influencia de la masonería no se limita a la música clásica. También fueron masones músicos de jazz como Louis Armstrong, Glenn Miller, Count Basie, Nat King Cole y Duke Ellington

El efecto Mozart

El nombre de Mozart se ha utilizado hasta la saciedad en un sinfín de contextos, incluso ha servido hasta para bautizar una tarta a base de *mousse* de chocolate y trozos de manzana, y también un tipo de bombones típicos de Salzburgo, su ciudad natal.

En los años noventa del siglo pasado se puso de moda lo que se dio en llamar el *Efecto Mozart*, según el cual escuchar la música de este compositor aumentaba la inteligencia de los bebés —hay quien circunscribe este efecto a su *Sonata para dos pianos K448*—. Algunos también han pretendido encontrar una relación con el crecimiento acelerado de las plantas pero, lamentablemente, los estudios científicos realizados al respecto no encontraron ninguna prueba fehaciente de este supuesto efecto.

Pero esta falta de evidencia sobre su influjo en la inteligencia de los niños no quita para que sepamos apreciar la música de Mozart o de cualquier otro autor por su valor artístico y por su capacidad de reducir el estrés y mejorar nuestro estado de ánimo.

Las dos cabezas de Haydn

A Joseph Haydn se le considera como el padre de la sinfonía y del cuarteto de cuerda, porque fijó la que sería la estructura a seguir en ambos géneros. Nació en 1732 en Austria, cerca de Viena, y en el Imperio Austríaco desarrolló toda su carrera, en gran parte en la corte de la aristocrática familia Esterházy, tanto en su castillo de Eisenstadt como en el castillo Eszterháza que mandaron construir en Hungría.

Haydn, a pesar de ser ya un músico prestigioso cuando entró al servicio de los Esterházy, era en realidad un miembro más del personal, un criado como otros muchos con los que se alojaba en la casa del príncipe. Una muestra de su situación laboral es el contrato que firmó con la familia, en el se puede leer: «el antedicho Joseph Haydn tendrá cuidado en aparecer siempre con medias blancas y atuendo de lino blanco debidamente empolvado. Ha de tener un comportamiento temperado, nada violento con los músicos, sino moderado y clemente. Se comportará de manera ejemplar, evitando una familiaridad indebida y la vulgaridad al comer y beber o en sus conversaciones».

Eran las mismas normas de vestimenta y de comportamiento que regían para los mayordomos, cocheros y el resto de lacayos. Pero debemos admitir que los Esterházy le proporcionaron todo el apoyo que necesitaba, incluso facilitándole una pequeña orquesta. A cambio, las labores que Haydn debía desarrollar podían llegar a ser agotadoras: componer música

El castillo Eszterháza, de la aristocrática familia Esterházy, lugar donde residió y sirvió Joseph Haydn.

para las ocasiones especiales, dirigir la orquesta, tocar música de cámara y organizar las representaciones de ópera y los conciertos. Nada menos que dos óperas y dos conciertos cada semana.

Al morir Haydn su cabeza fue guardada aparte para ser objeto de estudio de los frenólogos, que pretendían encontrar en las protuberancias y huecos de los cráneos posibles signos de genialidad o de enfermedad —hoy sabemos que sin éxito—. En los años cincuenta del siglo XX se pudo recuperar este cráneo y se devolvió a la tumba de Haydn. Pero resulta que este ya había sido enterrado con otra cabeza —quizá alguien pretendió disimular—. En la actualidad reposa con las dos.

J. HAYDN.
SINFONÍAS

Parece que Haydn no era lo que diríamos una belleza: tenía la cara picada de viruela, una enorme nariz y era de piel muy oscura, por lo que algunos le llamaban *El moro* —discúlpese la incorrección—. Pero compensaba su falta de encanto físico con un carácter alegre y bromista, aunque puede que en ocasiones lo fuera demasiado: le expulsaron del coro de la Catedral de san Esteban por cortar la coleta a uno de sus compañeros durante un ensayo.

Mozart y Haydn fueron grandes amigos y cada uno apreciaba mucho el trabajo del otro. Se cuenta que en cierta ocasión el compositor Salzburgués quiso gastar una broma a Haydn y le presentó una nueva composición retándole a que la tocase. Todo empezó bien, sin mayores problemas para leer la obra a primera vista, hasta que Haydn tuvo que parar en determinado pasaje: «no puedo continuar, maestro, me faltan dedos». El problema era que las dos manos estaban ocupadas, cada una en un extremo del teclado, y se debía tocar una nota en la parte central. «Déjame a mí», dijo Mozart, y empezó a tocar la pieza desde el principio. Al llegar a la dichosa nota agachó la cabeza y la tocó con la punta de la nariz. «Maestro, es cierto que tocáis con toda el alma, pero también con todo el cuerpo» fue el resignado comentario de Haydn.

Joseph Haydn tuvo un hermano compositor, aunque menos conocido, y también amigo íntimo de Mozart, Michael. Reposa en el cementerio de la iglesia de San Pedro de Salburgo, muy cerca de Nannerl Mozart. Por lo que sabemos, el número de cabezas es el correcto.

Para Elisa no era para Elisa

Beethoven tenía muy mala letra, tanto que hizo que sea más que probable que una de sus composiciones más populares, *Para Elisa —Für Elise—*, tenga el nombre equivocado. Al parecer el manuscrito decía *Für Therese*, pero con tan mala caligrafía que cuando el musicólogo Ludwig Nohl encontró la partitura en uno de los cuadernos del compositor en 1867, cuarenta años después de la muerte de Beethoven, involuntariamente le cambió la dedicatoria para siempre. La tal Teresa parece haber sido Therese Malfatti von Rohrenbach zu Dezza, una alumna de Beethoven a la que este se declaró, pero que finalmente se casó con un noble austríaco.

Beethoven marca la transición entre el Clasicismo vienés de Gluck, Haydn y Mozart y el incipiente Romanticismo. Se cuenta que en cierta ocasión Beethoven oyó a una pianista que estaba tocando y le preguntó quién era el compositor de la pieza. «Beethoven», le contestó la joven. Sorprendido, Beethoven dijo: «no puedo creer que yo haya compuesto semejante tontería. ¡Qué burro era!». Se trataba de una de sus obras de juventud, las *Variaciones en Do menor WoO80*, que había compuesto años atrás, en 1806. La evolución de su música hace que esta anécdota no sea tan sorprendente, ni que no supiera reconocerse a sí mismo en una obra que ya había olvidado.

Beethoven fue alumno de Haydn, que cierto día le haría el siguiente diagnóstico: «Sus obras tendrán siempre algún rasgo, no diría raro, pero sí insospechado. Serán ciertamente bellas y hasta admirables, pero aquí y allá habrá algo sombrío y extraño, porque usted mismo es, en cierto modo, sombrío y extraño». Parece que Haydn habría podido ser un buen psicólogo, pero Beethoven no supo reconocer el valor de lo aprendido con él hasta que había muerto.

Beethoven era afín a las ideas que condujeron a la Revolución Francesa y admirador de quien parecía destinado a difundirlas por toda Europa, Napoleón Bonaparte. Cuando escribió su *Tercera sinfonía* lo hizo con la siguiente dedicatoria: *Sinfonía Heroica, compuesta para celebrar el porvenir de un gran hombre*. Parece evidente a qué hombre se refería en el momento en que Napoleón recorría los campos de batalla de Europa al frente de sus ejércitos de victoria en victoria. Pero tras la autocoronación de Napoleón como emperador Beethoven se sintió decepcionado y retiró la dedicatoria inicial. La sinfonía nos ha quedado simplemente como la *Heroica*.

L.V. BEETHOVEN. SINFONÍA N° 5

La primera obra orquestal que se grabó completa fue la *Quinta sinfonía* de Beethoven. La grabación fue realizada en 1913 por la Orquesta Filarmónica de Berlín con la dirección de Arthur Nikisch. Ocupaba enteras las dos caras de cuatro discos.

Aunque las obras de Beethoven más conocidas por el gran público son sus nueve sinfonías, encontramos su contribución más importante a la evolución de la música en sus piezas para piano y de música de cámara. Los lectores de una cierta edad recordarán el *Septimino* de Beethoven como sintonía de la serie de animación de los años ochenta *Érase una vez el hombre*.

No sabemos si lo hizo con mejor o peor caligrafía, pero lo último que dejó escrito Beethoven, cuatro días antes de su muerte, fue *plauditi amici, comoedia finita est* —aplaudid amigos, la comedia ha terminado—.

La maldición de la novena sinfonía

Hay quien quiere ver una especie de maldición entre los compositores de sinfonías, porque son pocos los que han llegado a componer la décima a pesar de haber escrito la novena —por eso la llaman, precisamente, *La maldición de la novena sinfonía*—. Beethoven empezó su décima sinfonía, pero murió sin tiempo de terminarla, y lo mismo les ocurrió a Schubert, Bruckner, Dvorak y Vaughan Williams. Mahler intentó burlar la maldición y tituló la que debería haber sido su novena sinfonía *Das Lied von der Erde* —*La Canción de la Tierra*—, quizá en un intento de tener una oportunidad más. Pero a pesar de todo murió al poco tiempo de componer la que solo un poco más adelante sí que tituló como novena sinfonía, y dejando apenas comenzada la que debería haber sido su décima.

Pero quienes creen en maldiciones quizá olvidan que Haydn compuso ciento seis sinfonías y Mozart, sesenta y ocho.

Más disputas musicales

No podríamos dejar esta época sin volver a hablar de rencillas entre músicos. Beethoven, que además de compositor era un gran virtuoso del piano, mantenía una seria rivalidad con algunos de sus coetáneos, con un mutuo cruce de críticas y comentarios, tanto favorables como negativos.

Por ejemplo, el abad Gelinek, otro virtuoso del piano, decía de él: «La interpretación de Beethoven no tiene pureza ni precisión. No produce nada que no sea un ruido confuso mediante el uso del pedal». Aunque para ser justos debemos mencionar otra opinión que contrasta con la anterior. Es de otro pianista, Tomascheck, al que visto lo visto podríamos considerar tanto un rival como un admirador de Beethoven, y decía: «La técnica deslumbrante de Beethoven y su improvisación tan atrevida me llegaron al corazón de una manera completamente extraña. Me sentí tan humillado que no volví a tocar el piano durante días».

Lo que mejor define la actitud de Beethoven en cuanto a estas rivalidades son sus propias palabras: «Quería aplastar a todos los pianistas de por aquí. Algunos son mis enemigos mortales y de esta manera me puedo vengar». Con ese carácter es más fácil comprender la humillación que sintió el pobre Tomascheck.

El turbulento siglo XIX

El siglo XVIII terminó con la Revolución francesa, que supuso el fin del Antiguo Régimen y el comienzo de la Edad Moderna.

Aunque se asocia principalmente con el Romanticismo, durante el siglo XIX se fueron sucediendo y a veces coexistieron diferentes estilos musicales. Desde el Clasicismo inicial hasta los movimientos que van presagiando las vanguardias del siglo XX, pasando por otros como el Nacionalismo, que recogía melodías y ritmos populares de cada país, o el Verismo en ópera, que pretendía retratar la vida cotidiana y no solamente la de los grandes personajes.

En las páginas que siguen recorreremos Europa de un extremo a otro y un siglo marcado por la inestabilidad política. Si el XVIII terminó con la Revolución Francesa de 1789, en XIX verá los esfuerzos del Antiguo Régimen por mantenerse en el poder o por recuperarlo allí donde lo había perdido y una serie de revoluciones burguesas, además del despertar de la conciencia nacional en algunos países como Italia, que culmina con su unificación definitiva.

Los amigos de Schubert

A Franz Schubert se le considera uno de los últimos representantes del estilo clásico y uno de los precursores del Romanticismo. En su época el género que verdaderamente podía reportar beneficios económicos a un compositor era la ópera, pero Schubert no consiguió destacar en él a pesar de sus repetidos intentos, lo que le llevó a tener una vida siempre marcada por la precariedad económica. Incluso, durante una etapa de su vida Schubert era tan pobre que se veía obligado a componer con una guitarra porque no podía costearse un piano. Tampoco tenía dinero para comprar papel pautado, y solía componer sobre papel corriente sobre el que él mismo dibujaba los pentagramas o sobre papel pautado que en ocasiones le proporcionaban sus amigos.

Las *schubertiadas* tenían otro sobrenombre: *Veladas de Cánevas*. Aunque el nombre parezca aludir a algún personaje sacado de una leyenda nórdica, su explicación es mucho más trivial: cuando aparecía en la reunión un nuevo participante Schubert siempre preguntaba en alemán a alguno de sus amigos de confianza «*kann er was?*», que podríamos traducir como «¿sabe hacer algo?»

La mayor contribución de Schubert a la música fue en el género del *lied* —*canción* en alemán—. Eran piezas breves para canto normalmente acompañado por el piano, en las que Schubert ponía música a poemas de autores como Goethe o Schiller, y que influyeron de manera importante en la obra de otros compositores como Schumann, que a la muerte de Schubert fue un gran defensor de su trabajo. Algunos lieder estaban agrupados en ciclos como *Die schöne Müllerin* —*La bella molinera*— y *Winterreise* —*Viaje de invierno*—. La mayoría de ellos estaban destinados a ser interpretados en sesiones privadas en las que se interpretaba música de cámara entre un grupo de amigos, a las que se dio el nombre de *schubertiadas*.

Entre 1815 y 1816 Schubert llegó a componer más de ciento cincuenta *lieder*, y en toda su vida más de seiscientos, pero su obra no alcanzó gran difusión fuera de este círculo en vida del autor. Incluso sus obras orquestales no se imprimieron hasta la década de los años treinta del siglo XIX. Schumann encontró el manuscrito de su novena sinfonía, *La grande*, olvidada en casa de uno de los hermanos de Schubert, y no se estrenaría hasta 1839, bajo la batuta de Mendelssohn.

Schubert falleció en 1828 muy joven, a los treinta y un años. La causa de la muerte fue la fiebre tifoidea, según la versión oficial, aunque también pudo ser debido a la sífilis. Schubert, a pesar de la imagen que nos transmiten sus retratos mostrándonos su cabello rizado y sus gafitas redondas que le dan un carácter afable y bonachón, era de carácter hedonista y un habitual de las casas de mala nota, donde había contraído la enfermedad a los veinticinco. Existe cierta controversia sobre la sexualidad de Schubert y hay quienes han pretendido atribuirle una presunta homosexualidad. Los argumentos son tan peregrinos como el movimiento de los brazos que provocan sus obras para piano a cuatro manos, que presuntamente facilita el roce entre los dos intérpretes —ante lo que cabe preguntarse por qué tenían que ser necesariamente dos hombres—.

Según la descripción del comportamiento de Schubert que nos han dejado quienes le conocieron es probable que sufriera un trastorno bipolar con períodos de euforia y otros de depresión, combinados con momentos de paranoia en los que imaginaba que sus propios amigos querían envenenarle. Todo ello quizá estuviera causado por las secuelas mentales que iba dejando la enfermedad o simplemente por el hecho de saber que esta le llevaría a una muerte temprana. Desde luego, tampoco le ayudaban a mejorar su estado anímico ni el tratamiento que seguía contra la sífilis ni su afición por el tabaco y el alcohol.

La sífilis es una enfermedad venérea que antes del descubrimiento de la penicilina se trataba con mercurio, un tratamiento muy tóxico que además debía seguirse de por vida. Por eso era popular desde el siglo XVIII un dicho sobre la sífilis: «una noche con Venus y toda una vida con mercurio».
Probablemente era peor el remedio que la enfermedad, porque el tratamiento tenía efectos secundarios como caída del cabello, pérdida de dientes e incluso del tabique nasal.

F. SCHUBERT. VIAJE DE INVIERNO

Fanny Mendelssohn escribió más de doscientos *lieder*, pero la mayoría no se llegaron a publicar en vida de su autora.

Los hermanos Mendelssohn

Aunque para nosotros sea mucho más conocido su hermano pequeño Félix —el autor de la marcha nupcial de *Sueño de una noche de verano* que ha acompañado el enlace de tantas parejas—, Fanny Mendelssohn Bartholdy, nacida en 1805, merece una mención especial por sus más de cien piezas para piano y más de doscientos *lieder*, además de otras obras. Pero, como ocurre con otras de nuestras protagonistas, a pesar de esta ingente producción musical pocas fueron publicadas en vida de su autora, y su talento como concertista de piano quedó reservado para el entorno familiar. Baste como muestra de su prodigiosa facilidad que a los catorce años tocó de memoria en el cumpleaños de su padre los veinticuatro preludios de *El clave bien temperado* de Bach de los que hablábamos en otro capítulo.

La familia Mendelssohn era de origen judío, como indica su apellido, pero los dos hermanos fueron bautizados como luteranos. El padre de ambos, Abraham, decidió cambiar el apellido de la familia en un intento de soslayar el antisemitismo de la sociedad alemana de la época sustituyéndolo por el segundo apellido de su esposa, Bartholdy —el primero, Salomon, tampoco habría ayudado demasiado—. Pero Fanny y Félix no renunciaron a su apellido original y simplemente añadieron el nuevo como segundo apellido: Mendelssohn Bartholdy.

A pesar de haber recibido la misma formación que su hermano Félix, con el que siempre mantuvo una buena relación, algunas de las obras de Fanny tuvieron que ser publicadas con el nombre de este dentro de sus Opus 8 y 9, debido a las convenciones del momento y al papel que se suponía que estaba reservado a las mujeres. Una muestra de esta mentalidad es el elogio como pianista que su maestro Carl Friedrich Zelter le quiso dedicar en una carta que envió a Goethe: «[Fanny Mendessohn] toca como un hombre».

Esta falsa atribución de las obras provocó un momento embarazoso cuando en 1842 la reina Victoria, que era una apasionada de la música de Mendelssohn —a ella le debemos precisamente la elección de la *Marcha Nupcial* para la boda de su hija Victoria de Sajonia-Co-burgo-Gotha, celebrada en la capilla real del palacio de St. James de Londres—. La reina recibió a Félix en el palacio de Buckingham y

F. MENDELSSOHN. MARCHA NUPCIAL DE SUEÑO DE UNA NOCHE DE VERANO

Fanny von Arnstein fue quien introdujo en Viena en 1814 una costumbre berlinesa que ahora compartimos en medio mundo: el árbol de Navidad.

se propuso cantar su canción favorita del compositor, titulada *Italien*. Félix tuvo que confesarle que en realidad era obra de su hermana.

No fue hasta 1846 que Fanny publicó una colección de canciones como su Op. 1. Murió al año siguiente.

Fanny no era la única mujer músico en la familia. Su tía abuela Sarah Levy fue una mecenas y clavecinista de gran talento que había sido alumna de uno de los hijos de Bach, Wilhem Friedemann. Su salón, donde se interpretaba música del maestro de Eisenach era lugar de encuentro de los músicos más importantes de Berlín. A diferencia de la familia de Fanny, Sarah se mantuvo siempre fiel a la fe judía.

La hermana de Sarah, Franziska —también conocida como Fanny— von Arnstein, era músico y fue una de las fundadoras de la *Gesellschaft der Musikfreunde —Sociedad de amigos de la música—* de Viena. Pero también estaba muy involucrada en la política, y en su salón recibió a personalidades como Wellington o Talleyrand durante el Congreso de Viena, en el que entre 1814 y 1815 se reorganizó Europa tras la derrota de Napoleón. La hija de Franziska, Henriette, también fue anfitriona de un salón, además de pianista.

A Félix Meldelssohn debemos, aparte de sus propias composiciones, la recuperación de la obra de Johann Sebastian Bach. En 1829 dirigió en Berlín la *Pasión según San Mateo*, siendo esta la primera vez que se hacía desde la muerte de Bach ochenta años antes. Además, de esta forma empezó a integrar la música de los autores del pasado en la actualidad de entonces. Tengamos en cuenta que hasta ese momento una vez que cambiaban los gustos de la época la música pasaba de moda y quedaba en el olvido. No existía el concepto de repertorio, y se suponía que los compositores siempre debían escribir algo nuevo. Pero esta recuperación de la Pasión no estuvo exenta de polémica por otro motivo más que cuestionable: ¿qué hacía un judío, aunque fuera converso, dirigiendo música cristiana?

Schumann y los espíritus

Robert Schumann tenía numerosos problemas de salud. Era sifilítico como Schubert, padecía depresiones y esquizofrenia paranoide. Además tenía varias fobias como, por ejemplo, a los metales.

Recurrió a varios tratamientos, como la hipnosis, para intentar paliar estos males pero tras un intento de suicidio tuvo que ser recluido en un psiquiátrico, donde se terminaron sus días en 1856, a los cuarenta y seis años de edad. Seguramente tampoco le ayudaría demasiado a calmar sus nervios alterados y a superar sus temores la afición que tenía por el espiritismo, tan de moda en el siglo XIX.

Schumann acabó convencido de que estaba siendo poseído por poderes demoníacos. Precisamente una de sus últimas obras, el *Concierto para Violín en Re menor* compuesto en 1853, no fue estrenada hasta bien entrado el siglo XX porque el violinista al que estaba dedicada, Joseph Joachim, temía hacerlo por si la obra estaba asociada a fuerzas malignas. No es vano el propio Schumann sostenía que muchos de los temas de esa obra le fueron sugeridos por Felix Mendelsohn, que había muerto seis años antes, durante una sesión de espiritismo.

Joachim, temeroso de que aunque no hubiera habido una influencia sobrenatural el concierto fuera obra de la locura y de que pudiera acarrear nefastas consecuencias a aquel que lo interpretara, dio estrictas instrucciones para que no se tocase, y de esta forma la pieza quedó en el olvido hasta 1933.

Ese año fue esta vez una sobrina-nieta de Joachim, Jelly D´Aranyi, la que dijo escuchar durante otra sesión de espiritismo una voz —algunas fuentes afirman que era la del mismísimo Schumann— que le estaba pidiendo que recuperara la obra que ella afirmaba no conocer y que su tío-abuelo, fallecido veinticinco años antes, se negó a tocar. Al menos, la voz tuvo la gentileza de indicarle que el manuscrito estaba guardado en la Biblioteca Estatal de Prusia en Berlín.

Parece que no le faltaba imaginación a la señora D´Aranyi, que casualmente era violinista y lógicamente reclamó el derecho a estrenar la obra. Pero como el copyright del concierto, propiedad de Schott Music de Maguncia, estaba depositado en Alemania el gobierno imponía que fuera estrenada por una alemán —D´Aranyi era húngara, y tampoco estaban los tiempos como para ponerse a discutir con el gobierno del Partido Nacionalsocialista—. Finalmente, el estreno mundial quedó en manos de Georg Kulenkampff y la Berliner Philharmoniker, que también realizaron la primera grabación, en noviembre de 1937. Yehudi Menuhin —que paradójicamente era judío— la estrenó en su versión para piano con Ferguson Webster en el Carnegie Hall de Nueva York apenas diez días después, y la pobre señora D'Aranyi se tuvo que conformar con un más modesto estreno en Londres, en el Queen's Hall con la BBC Symphony Orchestra.

El caso de Jelly D´Aranyi no es el único de *medium musical*. En los años sesenta del siglo XX Rosemary Brown, una inglesa aparentemente sin formación en este campo, afirmaba que compositores de la talla de Bach, Liszt, Brahms o Chopin le contactaban desde el más allá para dictarle nuevas composiciones. Incluso llegó a presentar la décima y undécima sinfonías de Beethoven y se grabó un disco con composiciones *inspiradas* por aquellos autores tocadas al piano. De un estudio más detallado se desprendió que no era cierto que Rosemary nunca hubiera estudiado música —aunque era muy mala pianista—, y que esas composiciones podrían haber sido hechas por cualquier buen alumno del conservatorio y quedaban lejos de la genialidad de quienes se suponía que las habían dictado. Lo que no está tan claro es si se trataba de un engaño bien tramado o de un inocente trastorno mental de la protagonista.

Pese a sus diez embarazos, Clara Schumann no interrumpió su carrera como compositora y pianista.
Llegó a ofrecer más de doscientos conciertos.

Las alucinaciones que sufría Robert Schumann no hicieron sino agravarse
en sus últimos momentos. Su esposa, Clara, escribe en su diario en febrero de
1854: «En la noche que precede al sábado Robert sufrió una violenta afección
de oído que le duró toda la noche, tanto que no cerró un ojo. Escuchaba de
continuo un sonido único y solo de vez en cuando éste se combinaba con otro
sonido. [...] ¡Todo ruido le suena como música! Dice que es una música tan
bella, con unos instrumentos que suenan tan maravillosamente como jamás se
ha oído en este mundo. [...] Las afecciones de oído habían aumentado tanto
que Robert creía escuchar piezas enteras interpretadas por una orquesta completa, desde el principio hasta el fin; el último acorde se mantuvo hasta que sus
pensamientos se orientaron hacia otra pieza. [...] El viernes 17, por la noche,
hacía poco que nos habíamos acostado cuando Robert volvió a levantarse y
empezó a anotar un tema que, según dijo, le había cantado un ángel. Cuando
lo hubo terminado volvió a acostarse y fantaseó toda la noche con los ojos
siempre abiertos y vueltos hacia el cielo. Estaba firmemente convencido de que
ángeles revoloteaban a su alrededor haciéndole las revelaciones más sublimes,
y todo esto en música maravillosa. Según Robert, los ángeles nos decían pa-

labras de bienvenida y decían que antes de terminar el año nos encontraríamos reunidos con ellos. Pero llegó la mañana y con ella un terrible cambio: las voces angelicales se convirtieron en voces de demonios con una música espantosa. Los demonios le dijeron que era un pecador y que querían arrojarlo al infierno. […] Después de media hora se calmó y dijo que oía voces más amistosas que lo alentaban».

Aún peor es lo que Clara relata, acontecido unos días después: «¡qué mañana terrible la que habría de sobrevenir! Robert se levantó tan melancólico que me es imposible describirlo. Me decía: ¡Ay, Clara, no soy digno de tu amor! […] Empezó a pasar a limpio las *Variaciones*. Estaba aún en la última —yo había salido un momento de la habitación para hablar con el doctor Hasenclever dejando a Marieta sentada junto al enfermo— cuando de pronto abandonó la habitación y se dirigió suspirando hacia el dormitorio. Marieta creyó que volvería en seguida, pero se precipitó hacia afuera, sin abrigo, sin chaleco y sin botas, en medio de un aguacero torrencial. […] Todos los que estaban allí corrieron a buscarlo, pero no dieron con él hasta que unos desconocidos lo trajeron a casa después de una hora».

Lo que no le contaron a Clara, que en ese momento estaba embarazada de seis meses, es que Robert se había tirado al Rin desde un puente y que lo habían rescatado unos pescadores con su barca. Estos episodios llevaron a internarlo en un sanatorio privado en Endenich, cerca de Bonn, donde fallecería en julio de 1856.

Robert Schumann también tenía su faceta de crítico musical. De Wagner dijo: «Es un muchacho fino, de ideas alocadas y dueño de un atrevimiento desmedido, pero no sabe escribir ni concebir cuatro compases seguidos que sean bellos. Su nueva ópera *Tannhauser* no vale más que *Rienzi*. Es más bien sosa, aunque rebuscada». Y de Rossini: «Beethoven lloró por el fracaso del estreno de la obertura de *Leonora* en Viena, pero sus lágrimas eran nobles. Rossini, en una situación así, primero se sonreía y luego componía una nueva sinfonía que hubiera podido ser escrita por cualquiera». Aunque lo más inquietante puede ser una advertencia que dirigió a los jóvenes acerca de su futuro en la música: «tenéis un largo y difícil camino por recorrer. Una luz extraña se eleva en el cielo; no se sabe si es el alba o el crepúsculo». Una forma muy elegante y romántica de decir «cuidado si ves la luz al final del túnel. Puede ser el tren que viene de frente».

Clara

Clara Josephine Wieck, a la que generalmente conocemos como Clara Schumann, no era solamente la esposa de Robert y madre nada menos que de sus ocho hijos. Es un nombre propio dentro del mundo de la música como una consumada compositora y pianista. Al contrario que Nannerl Mozart y de forma más abierta que Fanny Mendelssohn, Clara siguió componiendo durante toda su vida y realizó multitud de giras con Joseph Joachim por Alemania y Gran Bretaña, con quien ofre-

C. SCHUMANN. TRES ROMANZAS PARA VIOLÍN Y PIANO

ció más de doscientos conciertos. Clara dedicó a Joachim sus *Tres romanzas para violín y piano Op. 22*, una de sus últimas obras.

Es bastante conocida la relación que tuvieron Clara Schumann y Johannes Brahms. Cuando Clara conoció a Brahms, catorce años más joven que ella, quedó prendada del prometedor músico tanto por su talento como por su atractivo físico. Mantuvieron una amistad que quizá fuera algo más y que se prolongó más allá de la muerte de Schumann, aunque nunca llegaron a casarse. Quizá avergonzados por esta relación clandestina acordaron destruir las cartas que se habían intercambiado, pero nunca llegaron a cumplir esta promesa, y de esta manera nos ha llegado la prueba de su amor.

Clara explicó en su diario su relación con Brahms en forma de mensajes dirigidos a sus hijos: «Dios manda a cada ser humano, por más desgraciado que sea, un consuelo con el que debemos alegrarnos y fortalecernos. Es cierto que os tengo a vosotros, pero todavía sois niños y apenas conocisteis a vuestro querido padre. [...] En este trance apareció Johannes Brahms. Vuestro padre lo quería como a nadie, con excepción de

Johannes Brahms, gran amigo de Clara Schumann en los momentos más difíciles.

Joachim. Vino como fiel amigo a soportar todo el sufrimiento conmigo, fortaleció mi corazón que amenazaba quebrarse, levantó mi espíritu, alegró en todo lo posible mi ánimo. Fue mi amigo en el pleno sentido de la palabra.

Él y Joachim fueron a los únicos a los que vuestro padre vio durante su enfermedad, y mientras su espíritu se mantuvo lúcido los recibió con visible alegría, y eso que él no conocía a Johannes como yo lo conozco desde hace años. Bien puedo deciros, hijos míos, que nunca he amado a un amigo tanto como a él. Es el ejemplo más hermoso de comunicación de las almas. No es porque yo ame en él su juventud, ni siquiera es por una vanidad halagadora. No, lo que yo amo de él y he podido conocer a través de los años, de un modo vedado para muchos, es su frescura de espíritu, su naturaleza maravillosamente dotada y su noble corazón».

Instrumentos de tortura musical

Durante todo el siglo XIX se ensalzaba el virtuosismo de los intérpretes, en ocasiones con catastróficas consecuencias. Robert Schumann escuchó tocar a Paganini —de él hablaremos dentro de unas páginas— en 1830 y quedó tan impresionado que en ese momento decidió abandonar sus estudios de derecho para dedicarse por entero a la música.

Hasta aquí nada nuevo, la vieja historia de un joven deslumbrado por un gran virtuoso que decide dar un giro a su vida. Lo malo es que al cabo de unos años Schumann quiso emular al piano la agilidad que Paganini tenía con el violín y no se le ocurrió mejor manera que intentarlo utilizando un aparato de ejercicios para mejorar la fuerza de los dedos y su independencia al tocar, sobre todo del anular con respecto a los demás. Pero lejos de conseguir el resultado deseado se provocó una lesión como consecuencia del sobreesfuerzo, que derivó en una parálisis en su mano derecha que puso fin definitivamente a su carrera de pianista.

Aunque según algunos autores es posible que el uso de este aparato no fuera la única causa de su lesión. Puede que se produjera el daño intentando corregir los efectos de una dolencia previa que muy probablemente sería una distonía —una disfunción neurológica que provoca que el cerebro no envíe la señal para realizar el movimiento correcto y que afecta a un número reducido pero significativo de músicos—, y que al intentar forzar el movimiento por medios mecánicos se provocara la lesión.

Pero el de Schumann no fue el único caso de intento de trabajar o de mejorar la técnica de los dedos mediante trucos y artilugios de toda índole.

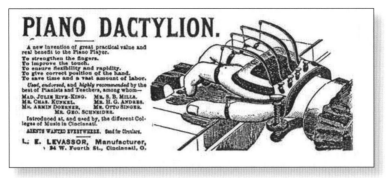

El Dactylion es uno de esos ingenios de ejercitación de los dedos que debemos a Henri Herz, pianista, compositor y fabricante de pianos nacido en Viena.

Algunos aparatos, como el *Dactylion* pretendían desarrollar la musculatura de los dedos mediante un sistema de resortes fijado al teclado que incrementaba la resistencia al movimiento. Incluso existía versión portátil del invento que podía ir directamente fijada a la muñeca del pianista. Comodísimo.

Otros artilugios buscaban mejorar la flexibilidad de los dedos de las formas más ingeniosas —y también peligrosas—:

Aunque parezca mentira, lo que muestran estos grabados no son instrumentos medievales de tortura, sino aparatos reales que se publicitaban en el siglo XIX y que algunos utilizaban pretendiendo alcanzar con ellos la habilidad de los grandes virtuosos. Absténgase el amable lector de intentarlo en casa.

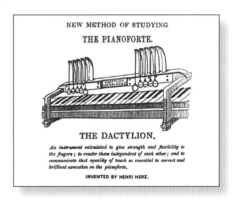

Invierno en Mallorca

Otra célebre pareja del Romanticismo es la que formaron Frederic Chopin —al igual que Schumann, pianista e interesado por el contacto con el más allá— y la novelista Amandine Aurore Lucile Dupin, baronesa Dudevant, más conocida como George Sand, seis años mayor que él.

Con George Sand y los hijos de esta —Maurice y Solange, nacidos de su matrimonio con el barón casimir Dudevant— compartió Chopin el invierno de 1838 en la cartuja de Valldemosa de Mallorca con la intención de que el clima mediterráneo ayudara a mejorar la salud del compositor, aquejado de tuberculosis. Pero, tal y como relata Sand en su novela *Un invierno en Mallorca*, la mala fortuna hizo que el clima fuera extraordinariamente duro aquel

La Real Cartuja de Valldemosa fue el refugio de Sand y Chopin en Mallorca.

año y que tuvieran que precipitar su regreso a París en el mes de febrero siguiente. Incluso tuvieron que deshacerse de la mejor forma que pudieron del piano Pleyel que habían hecho traer expresamente desde París.

La relación entre Chopin y Sand empezó a deteriorarse a raíz de la publicación de otra novela, *Lucrezia Floriani*, en la que la escritora retrataba a un príncipe enfermo procedente del este de Europa llamado Karol atendido por una dama de mediana edad, Lucrezia. Aunque siempre negó una identificación entre ellos dos y la pareja protagonista, ninguno de sus amigos, entre los que se contaban Balzac o Liszt, dudaron ni un instante de que la novela reflejaba su historia real.

Chopin nació en 1810 en Zelazowa Wola, cerca de Varsovia, Polonia, con el sonoro nombre de Fryderyk Franciszek, aunque nos ha llegado en su versión francesa, Fréderic François. No en vano su padre Nicolás era un profesor francés de literatura emigrado a Polonia, y su apellido es netamente francés. De Chopin y sus orígenes diría el poeta Heinrich Heine: «Polonia le dio su mente caballerosa y su tristeza histórica, Francia su ligereza y su gracia, y Alemania su romántica profundidad de sentimiento.

Mas no es polaco ni francés ni alemán. Su auténtica patria es la tierra de los sueños de la poesía».

Chopin era un gran virtuoso del piano y nos ha dejado algunas de las mejores páginas escritas para este instrumento, pero no le gustaba nada tocar en público. Solo dio una treintena de conciertos durante toda su vida porque decía que lo consideraba humillante, aunque algunos ven en ello una muestra de la tensión que le provocaba la rivalidad artística que mantenía con Liszt y sobre todo con Berlioz. Pero lo más probable es que fuera víctima de lo que hoy conocemos como miedo escénico, otra afección que puede afectar a cualquier músico. El propio Chopin confesó a Liszt en cierta ocasión: «No soy el indicado para dar conciertos. El público me intimida, me siento asfixiado por su respiración y paralizado por sus miradas curiosas y sus rostros desconocidos», y en una carta a un amigo añade: «No sabes qué martirio son para mí los tres días anteriores al concierto».

Como ha ocurrido con muchos otros autores, en su época podemos encontrar opiniones de lo más diverso acerca de la obra de Chopin. Un crítico, Ludwig Rellstab, afirmó sobre sus *Variaciones sobre un tema de Mozart*: «son obra de un vándalo, las mazurcas contienen excesos odiosos, modulaciones hirientes y tonos extraños. Nadie que tenga las manos sanas tendría que tocar sus *Estudios Op.10*, a no ser que tenga un cirujano a su lado». Pero de esa misma obra diría Schumann: «quítense los sombreros, señores. Estamos ante un gran genio».

Chopin siempre tuvo una salud muy delicada, y cuando murió en su apartamento de la parisina Place Vendôme el 17 de octubre de 1849 a su rival Héctor Berlioz no se le ocurrió mejor cosa que decir al enterarse de la noticia: «Chopin se ha estado muriendo durante toda su vida».

El funeral de Chopin en la iglesia de la Madeleine se demoró un par de semanas por un motivo que hoy en día nos parecería inconcebible. Estaba previsto que durante la ceremonia se interpretase el *Réquiem* de Mozart, pero aún en esa época las mujeres tenían prohibido cantar dentro de la iglesia. Tras barajar diversas opciones, finalmente encontraron una «solución»: las dos solistas femeninas cantaron detrás de una cortina.

Chopin fue enterrado en el cementerio de Père-Lachaise, lugar de descanso de muchos artistas, pero cumpliendo con sus deseos su corazón fue llevado a la iglesia de la Santa Cruz de Varsovia, hasta donde llegó conservado en un frasco lleno de coñac. Pero su descanso no ha estado exento de sobresaltos: años más tarde, durante el Alzamiento de Varsovia de 1944 contra la ocupación nazi la iglesia se encontraba en plena zona de enfrentamientos y sufría graves daños. En esas circunstancias un sacerdote alemán entregó el corazón a un alto oficial de las SS admirador de Chopin para que lo pusiera a salvo, temiendo que de lo contrario se perdiera para siempre. Este oficial lo llevó al cuartel del comandante de las fuerzas alemanas, que no era otro que Erich von dem Bach Zelewski, al que se le debe la idea de crear un campo para prisioneros no alemanes en la ciudad de Oswiecim. Aunque esta localidad es más conocida por su triste nombre alemán: Auschwitz.

El corazón de Chopin no volvió a la iglesia de la Santa Cruz hasta acabada la guerra, para conmemorar el noventa y seis aniversario de su muerte.

Amandine (o George)

Antes de conocer a Chopin, Amandine Aurore Dupin había estado casada con el barón Casimir Dudevant, al que abandonó para marcharse a París. Allí se enamoró de Jules Sandeau, un periodista junto al que en 1831 escribió su novela *Rose et Blanche*, que firmaron conjuntamente como Jules Sand, una evidente abreviatura del nombre de él. Cuando al año siguiente publicó su siguiente obra, *Indiana*, ya sin la ayuda de Sandeau, Amandine simplemente adaptó el seudónimo y pasó a ser definitivamente George Sand —nótese que el nombre no lleva la *s* final, que sería la grafía normal en francés—.

A menudo se pone a George Sand como ejemplo de mujer liberada por su costumbre de fumar en público, vestir trajes de hombre y por su independencia, pero se debe tener en cuenta que, probablemente debido a su alto origen social, su idea de mujer está principalmente basada en la tradición burguesa y judeocristiana. Pese a todo, esta educación no le impidió darse cuenta de que las mujeres en su época no contaban en el orden social ni en el moral.

Estuvo muy interesada en las ideas socialistas, que defendió en varios escritos de carácter revolucionario. Incluso participó en la revolución de 1848 defendiendo la república y los derechos de la mujer. Pero si bien por una parte reivindica la igualdad entre hombres y mujeres dentro y fuera del matrimonio y defiende la libertad sexual —ella misma había tenido una buena colección de amantes entre los que se encontraban el compositor Mérimée, el poeta Alfred Musset, la cantante de ópera Pauline Viardot, la actriz Marie Dorval y probablemente Franz Liszt—, no defiende el derecho al voto de la mujer argumentando la falta de instrucción de estas, y confía que en que serán los hombres los que cambien la sociedad, pero sin reivindicar el protagonismo femenino.

Por otro lado, a pesar de afirmar que «la mujer es superior al hombre, menos en la fuerza física y en la barba en el mentón» y defender una educación igual para los dos sexos afirma que «el corazón de la mujer continuará siendo el refugio del amor, de la abnegación, de la paciencia y la misericordia». Quizá por eso sus relaciones con los hombres parecen ser más bien los de una enfermera o una madre que los de una amante, como parece que ocurrió con Chopin. Ellos mismos afirmaban que no mantenían relaciones sexuales para »no estropear el noviazgo».

Madame la Vicomtesse

Chopin era un excelente compositor y un gran virtuoso, aunque reservado, como hemos visto, pero desde luego no podemos decir que fuera especialmente paciente como profesor. Tenía fama de perder fácilmente los nervios en clase al menor fallo de sus alumnos y de emprenderla a gritos, con cierta tendencia a desahogarse con cualquier pieza de mobiliario que estuviera a su alcance. Una de sus alumnas —aunque no nos consta que tuviera la ocasión de presenciar algún incidente de este tipo— fue Marie Clémence de Grandval. Otro de los profesores de Grandval fue Camille Saint-Saëns, que le dedicó su Oratorio de Navidad.

Clémence pertenecía a una acomodada familia que residía en el Câteau de la Cour du Bois de Saint Rémy des Monts, en el que recibían a numerosos compositores y artistas. Su padre era aficionado al piano y su madre publicó varios relatos. Aunque su nombre resulta desconocido para nosotros, Clémence de Grandval fue una compositora de bastante renombre en su tiempo, labor a la que podía dedicarse sin problemas dada la buena situación económica y social de la familia. No abandonó la música cuando se casó con Charles, vizconde de Grandval, como ocurría con frecuencia, y tampoco disminuyó su popularidad con el matrimonio, como queda reflejado en algunas críticas publicadas en su momento, que precisamente celebraban que hubiera continuado con su actividad compositora.

Sus obras se programaban tan frecuentemente como las de Saint Saëns, Lalo o César Franck, pero a pesar de todo esa misma buena posición social le llevó a publicar en muchas ocasiones escondida detrás de varios seudónimos. Es curioso que, al contrario de muchas otras artistas, esos seudónimos fueran siempre nombres femeninos: Marie Reiset de Tesier, Caroline Blagny, Marie Félicie Clémence de Reiset, Clémence Valgrand o Marie de Grandval.

Entre su obra encontramos música de cámara y música religiosa, pero lo más sorprendente, por lo poco habitual en una compositora de su época, es que fue la autora de nada menos que cinco óperas.

Lisztomanía

Franz Liszt era un auténtico fenómeno de masas. Por todas partes tenía fans que codiciaban cualquier objeto que le perteneciera o que simplemente hubiera tocado alguna vez, como sus pañuelos o sus guantes. Incluso

Los seguidores de Liszt se peleaban por cualquier objeto que le perteneciera o que simplemente hubiera tocado alguna vez. Incluso por las colillas de sus cigarros.

una simple colilla. Se cuenta que cuando se rompía una cuerda de su piano sus admiradores se peleaban para apoderarse de ella y hacerse pulseras, y que algunas damas incluso guardaban en frascos de cristal los posos del café que había dejado en su taza. Llegó un momento en que Liszt recibía tantas cartas pidiéndole mechones de su cabello que llegó a comprarse un perro para poder enviar su pelo a las admiradoras y así conservar su característica melena.

El término Lisztomanía fue utilizado por primera vez por el poeta Heinrich Heine en 1844 en un folletín en el que analizaba la temporada de conciertos de París de aquel año. Pero la fiebre por Liszt como pianista venía de antes, desde que en 1839 empezó a realizar giras de conciertos por toda Europa con un enorme éxito.

Se decía que su forma de tocar llevaba a la audiencia a un éxtasis místico, y en esta manifestación de histeria popular Liszt adelantó a los Beatles en más de un siglo. Lo curioso es que la palabra Lisztomanía —a diferencia de Beatlemanía, que se usa en sentido figurado—, pretendía describir una enfermedad real. Los médicos de la época no podían explicar ese entusiasmo desmedido más que como fruto de una patología que requería tratamiento.

Pero las verdaderas razones del éxito inusitado de Liszt parecen ser más debidas a su personal concepción del concierto como un espectáculo centrado en el solista que a un fenómeno real de psicosis colectiva. Liszt fue el primer concertista en presentarse ante el público solo en el escenario, cuando hasta ese momento lo habitual es que el concierto fuera compartido por varios solistas. Además tocaba de memoria, una rareza en aquella época aunque ahora sea lo habitual en los recitales de determinados instrumentos, lo que unido a la energía, brillantez y dificultad de las obras que interpretaba le proporcionaba una imagen irresistible y un halo de virtuosismo casi sobrehumano.

Pero Liszt también tenía algunos pequeños vicios, como su afición la *Datura fastuosa*, una planta alucinógena que solía fumar en cigarrillos. Quizá alguna de sus fans se llevó una sorpresa.

F. LISZT.
LOS PRELUDIOS

Además de su talento como virtuoso del piano, a Liszt le debemos la invención del poema sinfónico —como el titulado *Los preludios*—, una composición instrumental generalmente para orquesta en ocasiones inspirada en una obra literaria o que en otras simplemente pretende describir una escena o un paisaje mediante la música. Podríamos englobar el poema sinfónico dentro de la de *música programática*, como decíamos a propósito de *Las cuatro estaciones* de Vivaldi. Lo contrario de esta sería la *música absoluta*, que tiene su propio valor intrínseco sin relación con elementos extramusicales, como en el caso de la sonata o de la sinfonía.

Pero no siempre las composiciones de Liszt tuvieron la aceptación que merecían, o al menos esa era su impresión. Él mismo escribió en una carta a una amiga: «Todo el mundo está contra mí. Los católicos porque encuentran profana mi música religiosa, los protestantes porque la encuentran demasiado católica, los masones porque perciben en ella un perfume clerical. Para los conservadores soy un revolucionario y un falso jacobino para los partidarios del porvenir. Los italianos, si son garibaldinos me odian por tragasantos, y si están del lado del Vaticano me acusan de haber introducido la gruta de Venus en la Iglesia. Mi música repugna a los alemanes por francesa y a los franceses por alemana, para los austríacos hago música zíngara y para los húngaros es extranjera. Los judíos nos odian a mí y a mi música sin razón alguna».

Pactos con el diablo

Otro virtuoso con un gran éxito entre el público fue el Genovés Niccolò Paganini. De él se decía que cuando tenía cinco años el diablo se había aparecido a su madre

Hacia los cincuenta años, el que había sido un ídolo de multitudes empezó a sentir un intenso impulso religioso que le llevó a componer varios oratorios, como *La leyenda de Santa Isabel*, en 1865. Ese mismo año Liszt recibe las órdenes menores y se convierte en el *abate Liszt*.

en sueños para anunciarle que su hijo estaba destinado a ser un mago del violín. Otros decían que era el mismo Paganini el que había hecho un pacto con el maligno. Quizá fuera eso, o las diez horas al día que su padre le tenía encerrado para que estudiara, pero el caso es que a los diez años Paganini ofreció su primer concierto como solista de violín, y siendo un adolescente ya había alcanzado la popularidad.

Aunque es muy probable que su virtuosismo estuviera ayudado, además de por su innegable talento natural y dejando de lado intervenciones de otros entes, por una posible malformación congénita. El físico de Paganini, extremadamente alto y delgado, con unas extremidades muy largas y unos dedos que le permitían una amplitud de registro y unos movimientos que parecerían imposibles, hace pensar que padecía el Síndrome de Marfán, una enfermedad rara que no afecta a la inteligencia pero presenta esos mismos síntomas. Sea como fuere, su figura delgada

Paganini era muy famoso, pero sabía evitar que la gente se aprovechara de él. Estaba harto de que le invitaran a comer para que a los postres le pidieran que tocase gratis algunas piezas. Cuando le decían que al ir a la comida no olvidase su violín replicaba: «Mi violín nunca come fuera de casa».

N. PAGANINI. CAPRICHOS PARA VIOLÍN

y su rostro ceniciento y falto de dientes a causa del tratamiento con mercurio para la sífilis —otro más—, junto con la costumbre de vestir siempre de negro unidos a la leyenda que le precedía contribuían a darle esa imagen *diabólica*.

Pero el enorme éxito de que gozó pudo ser también la causa de una vida disipada entre mujeres de mala reputación, el juego y el alcohol, a los que la enfermedad vino a sumarse unos años más tarde. Cuando murió de una hemorragia interna en Niza en 1840 lo hizo sin recibir los últimos sacramentos. El encargado de administrárselos, un canónigo apellidado Caffarelli, lo intentó hasta en cuatro ocasiones pero no lo consiguió debido al mal estado del enfermo, prácticamente inconsciente. Probablemente frustrado por ese fracaso hizo un informe muy desfavorable acerca de la ausencia de imágenes religiosas en casa de Paganini y de las pocas donaciones que este había hecho en vida a la Iglesia. Como consecuencia, el obispo de la diócesis prohibió que se le diera un entierro católico, aunque es de suponer que quizá también lo hiciera por sus supuestos pactos demoníacos. El cuerpo de Paganini permaneció durante varios años esperando en un sótano, hasta que en 1876 fue enterrado en el cementerio de Parma.

Inspiración diabólica

Paganini no fue el primer violinista italiano que supuestamente había pactado con el diablo. A principios del siglo XVIII Giuseppe Tartini se encontraba recluido en el convento de San Francisco en Asís, y una noche el demonio se le apreció en un sueño —sería interesante saber cómo estos supuestos visitados por el demonio distinguían una aparición de un sueño normal— y se le ofreció como criado en esta vida a cambio de que le entregara su alma inmortal. Tartini aceptó y en el acto pidió al diablo que tocara una melodía con el violín, convencido de que sería incapaz de hacerlo.

Pero, para su sorpresa, el demonio tocó la pieza más maravillosa que jamás hubiera escuchado, y cuando Tartini la intentó transcribir al despertar consiguió un resultado tan inferior a lo que había oído en su sueño que sintió deseos de romper el violín y dejar la música para siempre. Aún hoy se conoce esa sonata como *El trino del diablo*, o la *Sonata del diablo*.

Diabolus in musica

Desde la Edad Media había un intervalo que se consideraba de mal agüero: el *tritono*. Guido D´Arezzo, uno de los primeros teóricos de la música, llegó a prohibir su utilización en el año 991 debido a la creencia establecida por la Iglesia de que a través de él el diablo se introducía en la música, aunque también había quien pensaba que al escuchar este intervalo se despertaba el deseo sexual —curiosa relación entre lo demoníaco y lo erótico—.

El tritono es un intervalo de cuarta aumentada o de quinta disminuida, que se forma mediante una combinación de dos notas que abarque tres tonos enteros, como ocurre entre el Fa y el Si o entre el Do y el Fa#. Es de difícil entonación y produce una sensación de disonancia que necesita ser resuelta inmediatamente, algo a lo que no estaban acostumbrados quienes escuchaban música en aquellos tiempos, en los que se suponía que el arte debía representar lo bello y lo divino. Quizá por eso se le llamaba *Diabolus in musica*, el diablo en la música.

La forma de evitar este intervalo normalmente consistía en no utilizar la sensible —el séptimo grado de la escala en modo mayor— por ser el que lo formaba con respecto a la cuarta —Fa-Si—. Por supuesto, *El trino del diablo* está lleno de tritonos.

Hacia el final del Barroco y durante el Clasicismo empezó a utilizarse con una cierta normalidad, y se estableció plenamente durante el Romanticismo, como por ejemplo en *El ocaso de los dioses* de Wagner. En la actualidad podemos encontrarlo con total normalidad en piezas tan dispares como «Maria», de *West Side Story* de Leonard Berrnstein, canciones de grupos de heavy metal como Black Sabbath o Mago de Oz —es una de las características de este género por su supuesta capacidad de invocar la oscuridad y el terror—, temas de jazz y blues o incluso en la sintonía de *Los Simpsons*.

En la música de blues el tritono se busca intencionadamente añadiendo una nota a la escala pentatónica menor bajando un semitono el quinto grado: Do-Solb. A esta nota se le llama, precisamente, *blue note*.

Stradivarius

El nombre de Stradivarius se ha convertido en sinónimo de violín de la máxima calidad y de precio exorbitado. El fundador de la casa fue Antonio Stradivari, nacido en Cremona a mediados del siglo XVII, que la creó en 1666. Stradivari se formó en el taller de otro célebre *luthier*, Niccolò Amati, nieto de Andrea Amati, que fue quien años antes había establecido los cánones de forma y tamaño para la fabricación de violines. Un compañero de Stradivari en ese mismo taller era Andrea Guarneri, que también fundaría su propia casa. Estos nombres completan la trilogía de los más importantes *luthiers* de Cremona y de la historia de la fabricación de instrumentos: Stradivari, Guarneri y Amati —Stradivarius no es más que la forma latina del nombre de Stradivari, como Guarnerius lo es del de Guarneri—.

La forma actual de la caja del violín, más aplanada y menos profunda que la de los violines anteriores y con un puente más alto es obra de Stradivari. Estas proporciones permiten una mayor amplitud de sonido y la forma se ha mantenido inalterada hasta nuestros días, pero lo que según algunos entendidos les da a estos instrumentos de hace más de trescientos años su sonido característico es el barniz. Se trata de un barniz oscuro cuya fórmula era preparada personalmente por el propio Stradivari en secreto y que sus competidores intentaban en vano imitar. Cuando Stradivari murió a los noventa años no está claro si compartió la fórmula con sus hijos, que se hicieron cargo del negocio, o se perdió para siempre. Pero en contra de esta teoría está el hecho de que los análisis realizados recientemente sobre varios de sus violines demuestran que la composición del barniz no esconde ninguna sustancia que fuera difícil de encontrar en su entorno y que la mezcla no era especialmente compleja de preparar.

Otros sugieren que el secreto está en otra parte: analizando los muebles de esa misma época descubrieron que todos estaban atacados por la carcoma, excepto los de la ciudad de Cremona. Al parecer, el boticario de la localidad tenía su propia fórmula de insecticida, que como efecto secundario cristalizaba la madera e indirectamente mejoraba sus propiedades acústicas. Lamentablemente, tampoco disponemos de esta fórmula.

Y aún hay otra teoría que sugiere que lo que hace especiales estos instrumentos es la propia madera con la que están construidos. Entre los siglos XIV y XIX Europa pasó por la que se ha dado en llamar Pequeña Edad de Hielo, con unas temperaturas sensiblemente inferiores a las actuales —de aquí viene la imagen tradicional de una Navidades nevadas de los cuentos clásicos—. Uno de los períodos de frío más intenso ocurrió entre mediados del siglo XVII y principios del XVIII, precisamente la época en la que se talaron los árboles

Paganini, entre sus muchos instrumentos, llegó a tener a lo largo de su vida varios violines fabricados por estos tres grandes luthiers cremoneses: siete Stradivarius, cuatro Guarnerius y dos Amati. Su favorito era un Guarneri llamado *Il Cannone* —el cañón—, al que llamaba así por su potencia y proyección del sonido. Lo consiguió en 1802 de una forma bastante curiosa: acababa de perder su Amati en la mesa de juego y un hombre de negocios que era admirador suyo le hizo llegar este violín, que por entonces no estaba en muy buen estado. Pero en poco tiempo se convirtió en el violín favorito de Paganini, con el que tocaría durante el resto de su vida.

con los que se construyeron los Stradivarius. Este frío hacía que la distancia entre los anillos fuera menor y con ello la madera tuviera una mayor densidad, lo que podría explicar esa mayor potencia de sonido. Pero de ser esto cierto ¿no debería haber ocurrido también con los violines fabricados por el resto de luthiers de Europa?

Antonio Stradivari murió en 1737, y a pesar de ser hoy en día el más reconocido fabricante de violines de la historia nunca llegó a conocer el éxito que tendrían sus instrumentos incluso siglos después, ni el nivel de excelencia que llegarían a alcanzar en manos de Paganini y de otros grandes virtuosos. Stradivari construyó a lo largo de su vida unos mil doscientos instrumentos entre violines, violas y violonchelos, de los que se han conservado unos seiscientos cincuenta. De ellos cuatrocientos cincuenta son violines.

Es difícil de imaginar el precio que pueden alcanzar estos instrumentos, pero se trata de varios millones de dólares cada uno. Desde los dos millones que puede valer un Stradivarius *normal* hasta los veinticinco millones en los que está tasado cada uno de los instrumentos del *Cuarteto Palatino* o *Cuarteto real* —dos violines, una viola y un violonchelo—, que son propiedad del Patrimonio Nacional. El violín llamado *Lady Blunt*, en honor de la que durante un tiempo fue su propietaria, Anne Blunt, nieta de Lord Byron, se subastó en 2011 por casi dieciséis millones de dólares, y el récord de una venta lo ostenta el violín llamado *El Mesías*, con veinte millones.

Pero estos precios no son exclusivos de los Stradivarius. Los Guarneri *Il Cannone* y *Carrodus* están valorados actualmente en cuatro y diez millones, respectivamente, y el llamado *Vieuxtemps*, tiene un valor de dieciséis millones.

Como se puede comprender, ningún concertista puede hacer una inversión de este tipo aunque sea para tener la mejor herramienta posible para realizar su trabajo. Muchos de estos instrumentos son propiedad de fundaciones o de instituciones que los ceden de forma controlada para su utilización por unos pocos elegidos.

Pero no es oro todo lo que reluce, aunque esté recubierto de un antiguo barniz presuntamente secreto. En los últimos años se han hecho varios estudios científicos en los que se comparaban violines Stradivarius con violines modernos de alta gama. Como dicta el método, se trataba de estudios a doble ciego en los que los violinistas tocaban con unas gafas especiales que les impedían ver con qué violín estaban tocando y el público asistente a la prueba solo sabía que había dos tipos de violines. El procedimiento era el siguiente: un violinista tocaba una obra con todos los violines y acto seguido otro violinista interpretaba una pieza distinta y siguiendo un orden diferente con los instrumentos. El resultado en todas esas pruebas es inequívoco: los violines modernos proyectaban mejor el sonido que los Stradivarius y eran los preferidos tanto por los violinistas que los probaron como por el público que los estaba escuchando.

Aunque pueda parecer sorprendente no lo es tanto si tenemos en cuenta que la investigación en organología y en la construcción de los instrumentos ha evolucionado mucho en los últimos trescientos años. Por eso un instrumento construido con los conocimientos técnicos actuales y los mejores materiales no tiene porqué desmerecer ante sus venerables antecesores.

Pero no debe usted preocuparse si por casualidad tiene un Stradivarius guardado en casa. Su inversión está a salvo porque en el valor de estos instrumentos entran en juego muchos factores además de sus cualidades musicales, como a quién han pertenecido, quiénes han tocado con ellos y cuál es la historia particular de cada ejemplar, además de su consideración como objetos de arte únicos.

Los Wagner

Cósima Wagner era la hija ilegítima de Franz Liszt y la escritora Marie d´Agoult. Esta última había nacido como Marie Cathérine Sophie de Flavigny, y el apellido d´Agoult venía de su matrimonio con Charles Louis Constant, conde d'Agoult. Pero, al igual que George Sand, con la que mantenía una animada correspondencia, no publicaba con su nombre, sino bajo un seudónimo masculino: Daniel Stern. Su obra más importante es *Histoire de la Révolution de 1848*, publicada en dos volúmenes en 1851.

Richard Wagner estuvo plenamente comprometido con el *Alzamiento de mayo* de Dresde, dentro de la ola de revoluciones liberales descrita en la

El 3 de mayo de 1949 comienza el Alzamiento Revolucionario de Dresde, en el que Wagner participó activamente junto con su amigo anarquista Bakunin con varios escritos, e incluso fabricando granadas de mano.

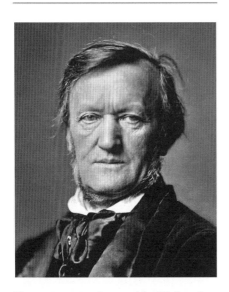

En una etapa de su vida Richard Wagner era un verdadero adicto al juego, como Paganini. Según relata él mismo en sus memorias «permanecí en el mesón por espacio de tres días, porque desde la primera noche el juego me había envuelto en sus redes diabólicas. [...] Al cabo de tres meses estaba tan poseído por la fiebre del juego que no alentaba ninguna otra pasión». Su adicción llegó a ser tan grave que en una ocasión llegó a perder toda la pensión que le enviaba su madre. Cuando consiguió superar su problema dedicó parte de su tiempo a ayudar a otras personas a alejarse del juego

obra de d'Agoult que recorrió toda Europa. Esta implicación le obligó a huir de la policía prusiana, pero afortunadamente encontró refugio durante un tiempo en casa de Liszt. Allí se encontró por primera vez con Cósima, que entonces tenía doce años de edad.

Unos años más tarde, en 1864, Cósima, estaba casada con el pianista y director de orquesta Hans von Bülow, un alumno de su padre —recordemos que era Franz Liszt y no Charles d´Agoult— y gran amigo de Richard Wagner. Pero este matrimonio y la amistad entre los dos músicos no fue obstáculo para que ella y Wagner se hicieran amantes. Era tal la devoción de Von Bülow por el compositor que aceptó la situación de buen grado, incluso a pesar de que sospechaba con sobrado fundamento que Wagner era realmente el padre de su hija Isolde, nacida en 1865, y también de Eva y Siegfried, que vendrían después. Prueba de esta resignación es la carta que Von Bülow escribió a Cósima, en la que le decía: «Has preferido estregar tu vida y los tesoros de tu dedicación y tu afecto a alguien que es superior a mí. Lejos de condenarte por ello no puedo menos que aprobar tu decisión».

La situación continuó así durante un tiempo hasta que Cósima y Von Bülow finalmente se divorciaron en 1870. Richard Wagner y Cósima —que era veinticuatro años más joven que él— se casaron en agosto de ese mismo año, y de esta forma los Liszt y los Wagner quedaron definitivamente emparentados.

Pero este no fue el primer matrimonio de Wagner, ni tampoco su primer romance con la mujer de un amigo suyo. Anteriormente estuvo casado durante treinta años con la actriz Wihemina —Minna— Planer, que murió en 1866. En ese tiempo Minna tuvo que aguantar algunas aventuras de Richard, como la que tuvo con Mathilde Wesendonck, esposa del banquero Otto Wesendonck, un mecenas que le había invitado a vivir en la casa de huéspedes de su villa. El final del idilio se precipitó cuando Minna interceptó una encendida carta de Wagner a Mathilde, pero a pesar de la infidelidad en su propia casa el banquero siguió apoyando a Wagner, e incluso le ayudó económicamente en su proyecto de creación del Teatro de los Festivales de Bayreuth. Eso sí que son amigos.

Entre la obra de Richard Wagner destacan sin duda sus óperas, que él denominaba *dramas musicales*. El conjunto más célebre es su tetralogía *El anillo del nibelungo*, basada en la mitología germánica y formada por las óperas *El oro del Rin*, *La valkiria*, *Sigfrido* y *El ocaso de los dioses*. Es una obra monumental si tenemos en cuenta que entre las cuatro suman más de quince horas de música.

Wagner buscaba la obra de arte total —*Gesamtkunstwerk*—,

Una característica original y característica de las óperas de Wagner es la utilización del *leitmotiv* —que se podría traducir como *motivo conductor*—. Un *leitmotiv* es una melodía o un tema musical asociado con un personaje o con una idea, que se escucha de forma más o menos evidente cada vez que el personaje aparece en escena o se pretende evocar el sentimiento asociado al motivo. También puede representar objetos reales que sean significativos dentro de la trama, o conceptos abstractos como el amor o la muerte.

El oro del Rin, *La valkiria*, *Sigfrido* y *El ocaso de los dioses* forman la tetralogía de El anillo del Nibelungo.

en la que pretendía integrar todas las artes poéticas, musicales y escénicas, de la misma manera que se hacía en la tragedia griega, y era contrario a la ópera de su época, centrada en el lucimiento de los cantantes y con la música siempre supeditada al texto. A diferencia de los demás compositores, Wagner se encargaba personalmente, además de la música, del libreto y de la escenografía de sus óperas para de esta manera conseguir una combinación armoniosa de todos estos elementos.

**R. WAGNER.
IDILIO
DE SIGFRIDO**

Bayreuth

El Festival de Bayreuth —*Bayreuther Festpiele*— se celebra desde 1876 hasta la actualidad en esta ciudad del norte de Baviera para representar las óperas de Wagner. El propio compositor se encargó de supervisar la construcción del teatro donde tiene lugar para que sirviera de marco ideal a sus composiciones, continuando con su idea de *obra de arte total* incluso en su arquitectura.

La ideología de Wagner siempre ha sido objeto de controversia, máxime sabiendo la utilización que de su figura y de su música se hizo durante el Tercer Reich, algo a lo que no fue ajeno el propio festival. El régimen nazi buscaba, como todos los regímenes autoritarios, un hecho histórico o mitológico fundacional que, además de justificar la existencia misma de Alemania como pueblo elegido, sirviera de prueba fehaciente de la superioridad de la raza aria.

La temática de la óperas de Wagner, inspiradas por un conjunto de leyendas nórdicas que describía un pasado lleno del altos ideales a las

El Festival de Bayreuth está, desde su creación, dedicado a la representación de las óperas de Wagner en un teatro construido expresamente siguiendo las instrucciones del compositor.

que acompañaba una música de innegable poder evocador, parecían ser la mejor descripción de este principio esencial y de su destino trascendental. Aunque esta idea no era novedosa ni exclusiva de los ideólogos del Reich. Ya en el cambio de siglo fueron apareciendo en Alemania movimientos que defendían precisamente esa superioridad aria y defendían la unidad de los pueblos germanos. Así fueron poco a poco abonando el terreno para lo que vendía después.

Leni Riefenstahl, directora de cine alemana conocida por sus películas de propaganda a favor del partido nacionalsocialista. Siguió rodando hasta el final de su vida, con más de cien años. Sus últimas obras fueron documentales sobre las tribus africanas y la vida submarina.

Sirvan como ejemplos de la utilización ideológica del festival de Bayreuth *La plenitud del misterio ario en Bayreuth*, un tratado publicado en 1911 por Leopold von Schörer, o un poco más adelante las palabras de Hitler en el festival de 1925: «La obra de Wagner engloba todo aquello a lo que aspira el nacionalsocialismo».

No en vano los congresos del Partido en Nuremberg parecen plenamente inspirados por el concepto wagneriano de obra de arte total, como se puede apreciar en el documental *El triunfo de la voluntad*, filmado en 1934 por la cineasta Leni Riefenstahl. Riefenstahl utilizó técnicas que ahora son habituales pero que por entonces resultaban completamente novedosas, como primeros planos con teleobjetivos, inusuales movimientos de cámara e imágenes aéreas que, junto con la música, multiplicaban el efecto propagandístico del film.

Otro destacado dirigente nazi, el Ministro de Propaganda Joseph Goebbels, definiría a Wagner como el «prototipo de músico moderno». Pero no parece que toda la alta jerarquía nazi compartiera sus gustos: Albert Speer, arquitecto y hombre de confianza de Hitler, confesó que aunque se repartían más de mil invitaciones entre los altos cargos para el concierto con el que se inauguraban los congresos del Partido en Nuremberg —con la orquesta tocando *Los maestros cantores* bajo la batuta de Furtwängler— eran pocos los que asistían. Hitler llegó a reforzar estas invitaciones con el envío de patrullas que les fueran a buscar y les acompañaran al concierto.

No son estos los únicos casos de utilización partidista de la música de Wagner: la *Orden de los Germanos*, asociación esotérica ario-sosfista fundada en 1910, iniciaba sus ceremonias con el *Canto de los peregrinos de Tannhäuser* y en otro momento de su ceremonial sonaba la música de *Lohengrin*. También existía en Viena una Nueva Asociación Richard Wagner, entre cuyos fines estaba «liberar el arte alemán del falseamiento y la contaminación judías».

Wagner, además de componer, escribió cientos de artículos, poemas y libros sobre arte, pero hay un texto titulado *El judaísmo en la música* que siempre ha llamado la atención, aunque en algunas ediciones pretendidamente completas de los escritos de Wagner se ha omitido pudorosamente. *El judaísmo en la música* apareció por primera vez en 1850 en la revista *Neue Zeitschrift für Musik*, que había sido fundada Robert Schumann. Estaba firmado con el seudónimo K. Freigedank —K. Librepensamiento— y se trataba principalmente de una crítica a los compositores Meyerbeer y Mendelssohn, pero también de una reacción contra el poder acumulado por los directores judíos de los teatros alemanes, que según Wagner dificultaban el estreno de sus obras. Aunque en el fondo era todo un ataque a los judíos en general, a los que describe como incapaces de producir un verdadero arte además de otras afirmaciones más que discutibles, como su presunta incapacidad para hablar correctamente las lenguas europeas.

Por ejemplo, de Mendelssohn dice: «Félix Mendelssohn nos ha enseñado que un judío puede estar dotado del más bello talento, poseer la más perfecta de las educaciones y la ambición más elevada y delicada sin poder jamás llegar a producir en nuestro corazón por medio de estas cualidades la impresión arrebatadora que esperamos del arte». Esta afirmación se parece demasiado a las tesis raciales vigentes los círculos que hemos mencionado de finales del siglo XIX y principios del XX pero, a pesar de todo, no hay ninguna evidencia de que Hitler o los dirigentes nazis tuvieran conocimiento de este ensayo, escrito por Wagner más de ochenta años antes de su llegada al poder.

Resulta hasta cierto punto contradictorio que Wagner redactara este texto y realizara comentarios claramente antijudíos en otros escritos a la vez que mantenía un grupo de amigos judíos y colaborara con artistas hebreos. Quizá confiaba en que, como promulgaba al final de *El judaísmo en la música*, ayudaran a redimir la cultura alemana abandonando el judaísmo.

Si bien no podemos saber cuál habría sido la postura de Wagner de haber vivido en el siglo XX sí que queda constancia de la que adoptaron algunos miembros de su familia, sobre todo su nuera Winifred, esposa de su hijo Siegfried.

La británica Winifred Wagner era una ferviente admiradora de Adolf Hitler, al que llamaba familiarmente *Kapellmeister Wolf*, un derecho, el de llamarle *Wolf* —lobo— que estaba reservado a un grupo muy reducido de seguidores. Durante la Segunda Guerra Mundial todos los refugios del Führer recogían este nombre de una u otra manera, como *Wolfschlucht* —garganta del lobo— o *Wolfschanze* —fuerte del lobo—. *Wolf* había sido su seudónimo durante el *Putsch* de Munich, su infructuoso intento de golpe estado de 1923, el mismo año en que conoció a Winifred Wagner. Ella fue precisamente la encargada de llevar a Hitler a la cárcel de Landsberg el papel con el que este escribiría su manifiesto ideológico: *Mein kampf*.

Winifred dirigió el Festival de Bayreuth desde los años treinta hasta el final de la guerra, pero

Siegfried Wagner, al que en casa llamaban Fidi, nunca disimuló su homosexualidad dentro de la familia, si bien se vio obligado a casarse con Winifred. Aunque su obra haya quedado relegada al olvido es el autor de dieciocho óperas, algunas de ellas dirigidas en su estreno en Viena por el mismísimo Gustav Mahler —judío converso al catolicismo, por cierto—.

la influencia directa de Hitler durante toda esta época era tan acusada que provocó la marcha de muchos de los mejores cantantes wagnerianos y la renuncia de Toscanini a dirigir. Mientras duró la contienda se encargó del festival la organización *Kraft durch Freude* —*Fuerza a través de la alegría*— garantizando el lleno en cada función con soldados, heridos y obreros de las fábricas de armamento, obligados a asistir a las representaciones lo quisieran o no. Desde luego, si no te gusta la música es mala suerte que te hieran en batalla y después te obliguen a escuchar las cuatro horas y media de *Parsifal*.

Dos tercios de la ciudad de Bayreuth fueron reducidos a escombros por los bombarderos aliados, pero el *Bayreuther Festpielhaus —Teatro de los Festivales—*

se salvó, y tras la guerra el Festival siguió adelante administrado por la familia Wagner, no sin algunas luchas entre ellos por el poder. Primero fueron sus directores los hijos de Winifred, Wieland y posteriormente Wolfgang Wagner, nietos del compositor —y también antiguos protegidos de *Onkel Wolf*, que incluso eximió a Wieland del servicio militar durante la guerra para así asegurar la descendencia de la estirpe—, y más adelante sus biznietas Katharina y Eva.

Otro yerno de Wagner era el inglés, aunque posteriormente se nacionalizaría alemán, Houston Stewart Chamberlain, casado con su hija Eva. Chamberlain era un biólogo y escritor pangermanista que abogaba por mantener controlados a todos los elementos extraños a la cultura alemana, como los judeocristianos, y un acérrimo defensor de la eugenesia —la mejora de la raza seleccionando determinado tipo de humanos—. En 1899 había publicado publicado *Los fundamentos del siglo XX*, libro en el que defiende una ideología racista y mística y que fue un gran éxito desde el principio. Cuando murió en 1927 Adolf Hitler acudió a su funeral, y durante el nazismo fue recordado como un visionario del Tercer Reich.

Una consecuencia de la historia de la familia, de sus relaciones con el poder y de la utilización política e ideológica que el nazismo hizo de la música de Wagner es que no se interpretó en Israel hasta 2001, cuando el argentino-israelí Daniel Baremboim dirigió en Tel Aviv el preludio de *Tristán e Isolda* no sin antes preguntar al público asistente si deseaba escucharla. La obra fue recibida con una combinación de aplausos y abucheos a partes iguales.

El ocaso de los dioses

La última jornada de *El anillo del nibelungo* —se llama jornada a las cuatro óperas de la tetralogía— es *El ocaso de los dioses*. Culmina con el incendio del Walhalla —el paraíso de los guerreros en la mitología nórdica— y la muerte de Wotan —el rey de los dioses, también llamado Odín— y con él del resto de las divinidades.

Este argumento parece toda una premonición de la caída del Tercer Reich, por eso no es de extrañar que en sus últimos días la Filarmónica de Berlín interpretara la escena final de *El ocaso de los dioses* por orden de Albert Speer al final de su último concierto antes del final de la guerra, tras la *Sinfonía romántica* de Bruckner. A la salida de la sala unos niños de las Juventudes Hitlerianas repartían cápsulas de cianuro entre los espectadores que se retiraban a sus casas arrasadas.

La obra volvió a sonar en la radio unos días después, para acompañar el anuncio de la muerte de Hitler en su búnker de la Cancillería de Berlín.

Una escena mítica: la carga de los helicópteros sobre un poblado vietnamita en *Apocalypse now* mientras suena *La cabalgata de las valkirias*.

Wagner en Vietnam

Un claro ejemplo del poder de la música de Wagner es la célebre —y terrible— escena de la película *Apocalypse now* de Francis Ford Coppola en la que una formación de helicópteros del Primer Regimiento de Caballería bombardea un poblado vietnamita mientras suena *La cabalgata de las valkirias*, el preludio del acto tercero de *La valkiria*.

R. WAGNER. CABALGATA DE LAS VALKIRIAS

Viendo esta escena es imposible reprimir un escalofrío y no podemos dejar de recordar la frase que pronuncia el personaje de Woody Allen al salir de un concierto en la película *Misterioso asesinato en Manhattan*: «No puedo escuchar tanto a Wagner, ¿sabes? Me entran ganas de invadir Polonia».

La guerra de los románticos

Volviendo al siglo XIX, Johannes Brahms es, junto con su gran amiga Clara Schumann, el compositor más representativo del Romanticismo más clásico —valga la aparente contradicción—, frente a una vertiente progresista representada por Liszt y Wagner. Los primeros estaban aglutinados en torno al Conservatorio de Leipzig, fundado por Felix Mendelsohn y en el que Robert Schumann fue profesor, mientras que los otros tenían su base en Weimar.

Las principales discrepancias se referían a las formas de la música: mientras la escuela de Leipzig promulgaba el mantenimiento de las estructuras de los maestros clásicos y la *música absoluta*, centrada en sí misma por su valor intrínseco y sin conexión con otras artes como la pintura o la poesía, Liszt y su grupo promovían un nuevo estilo y unas formas diferentes encaminadas hacia la música programática —que, como ya hemos visto, es la que pretende evocar ideas o describir imágenes— y el poema sinfónico.

Esta *guerra* incruenta se libró utilizando como armas sus respectivas composiciones, pero también con desplantes mutuos, como prorrumpir en silbidos durante un concierto. Desde luego, estuvo muy feo cuando el grupo de Weimar celebró el aniversario de la revista *Neue Zeitschrift für Musik* —la misma en la que Wagner publicó su célebre texto antisemita— sin invitar a Clara Schumann, a pesar de ser la viuda de su fundador.

Brahms siempre se mantuvo fiel a la influencia de Mozart, Haydn, Beethoven y Schumann, a los que admiraba. No en vano, en cierta ocasión estando en Berlín en una cena que habían organizado en su honor, el anfitrión propuso un brindis «por el más grande de los compositores». Brahms alzó su copa y respondió: «por Mozart».

J. BRAHMS.
SINFONÍA Nº 2

Siempre se consideró a Brahms un autor académico y conservador, pero esta idea no le hace justicia y olvida sus contribuciones a la evolución del lenguaje musical, sobre todo del contrapunto, y sus cuatro sinfonías, que para muchos representan el punto culminante de este género. Beethoven fue el encargado de acompañar a la sinfonía desde el Clasicismo hasta el Romanticismo y Mahler la acercaría a la música del siglo XX, pero es en la obra de Brahms donde encuentra su espíritu plenamente romántico.

Brahms podía ser exigente y muy perfeccionista, pero desde luego no estaba falto de ingenio. El también compositor Hugo Wolf contaba que en cierta ocasión envió uno de sus *lieder* a Brahms para que lo revisara, pidiéndole que pusiera una cruz allá donde pensaba que había algún fallo. Brahms le devolvió la partitura sin una sola anotación pero, eso sí, acompañada de una nota que decía: «No quiero convertir su partitura en un cementerio».

Pero Hugo Wolf tampoco se quedaba corto a la hora de hablar de Brahms: «En cuanto a escribir variaciones sobre un tema dado el señor Brahms es uno de los mejores, pero sus composiciones no son más que una inmensa variación sobre las obras de Beethoven, Mendelssohn y Schumann». Algo en lo que parece coincidir Wagner: «desprecio aquellas obras de Brahms hechas con trozos de temas, como si fuera carne picada».

Otra anécdota nos puede dar una muestra del carácter de Brahms: había cierta soprano que ansiaba que el compositor le cediera una de sus canciones para incluirla en su repertorio. Este, que la consideraba bastante mediocre, le iba dando largas alegando que en ese momento ninguna de las que tenía escritas era adecuada para ella, que tendría que esperar un poco. Pero la dama en cuestión seguía insistiendo y un día acabó preguntándole impaciente cuánto más debería esperar. Brahms no tuvo más remedio que contestarle, intentando calmar sus nervios: «No se lo puedo decir, pero las únicas canciones que le prestaría son mis canciones póstumas, así tendré la seguridad de que no se las oiré cantar».

Todo un *gourmet*

Gioachino Rossini se hizo famoso en su época por sus treinta y nueve óperas, aunque en lo que era realmente un especialista y por lo que hoy en día es conocido por el gran público son las oberturas de estas. Seguro que el lector aficionado a la música se sabe de memoria y podría tararear al menos una melodía de *El barbero de Sevilla*, *Guillermo Tell* o *La italiana en Argel*, aunque solo sea por haberlas escuchado sin saber muy bien dónde.

Rossini fue un pionero de lo que podríamos bautizar como *reciclaje musica*l. Su sistema era

Gioachino Rossini compuso treinta y nueve óperas a lo largo de su vida, aunque lo que le ha dado fama son sus oberturas.

muy simple: si veía que la obertura de una de sus óperas había triunfado no le temblaba la mano a la hora de volverla a incluir en otra ópera posterior. Así, la citada de *El barbero de Sevilla* ya había sido utilizada en *Aureliano in Palmira*, y lo mismo ocurría con muchas otras. Pero el récord lo tiene *Eduardo e Cristina*: de los veintiséis números de esta ópera diecinueve provenían de otras obras anteriores de Rossini.

Otra faceta bien conocida de Rossini es su afición por la buena mesa. Siendo un personaje tan famoso pasaba de un banquete en su honor a otro, algo a lo que sabía hacer aprecio porque era todo un *gourmet* con especial predilección por la mortadela de Bolonia, el queso, el foie gras y sobre todo por la trufa, a la que llamaba «el Mozart de las setas». La popularidad de Rossini le permitió codearse con otros gastrónomos como Anthelme Brillat-Savarin, Alejandro Dumas y Antoine Carême, el jefe de cocina de la familia Rotschild.

Esta afición por la gastronomía nos ha dejado su nombre en algunos de sus platos favoritos, como los canelones Rossini —canelones de carne con foie fresco y trufa—, huevos a la Rossini —huevos fritos, también con foie y trufa—, faisán a la Rossini, rissotto a la Rossini, solomillo Rossini —como no, con foie y trufa—, consomé Rossini y muchos otros.

Nos da una idea de su afición por la gastronomía, y también de su productividad más o menos ingeniosa, la anécdota que cuenta que Rossini escribió el aria *Di tanti palpiti* de su ópera *Tancredi* mientras comía en un restaurante de Venecia, mientras esperaba que le trajeran el *risotto* que había encargado. Pero quizá estas aficiones a veces le distraían de su trabajo. Se dice que tuvo que escribir la obertura de *La gazza ladra* la víspera del estreno, secuestrado por el director del teatro y vigilado por cuatro empleados que iban lanzado las partituras por la ventana a los copistas que

Se dice que el productor tuvo que encerrar a Rossini en una habitación el día anterior a la primera representación de *La gazza ladra* para que de una vez por todas acabara de componer la obertura.

esperaban abajo. La orden era que si no había partituras tiraran por la ventana a Rossini.

Lo que está claro es que a Rossini no le faltaba sentido comercial, y se retiró a los treinta y seis años tras haber conseguido una gran fortuna con sus obras y deseando disfrutar de ella. Le quedaban cuarenta años más para hacerlo; a pesar de su dieta tan poco saludable y de su tremendo sobrepeso murió a los setenta y seis.

Aunque quizá sí fuera un poco tacaño. Cuando ya le quedaba poco de vida unos vecinos promovieron una colecta para conseguir los dos mil francos que se necesitaban para erigir una estatua en su honor. Rossini, al enterarse, comentó: «que me den a mi los dos mil francos y yo mismo permaneceré quieto en el pedestal».

Volviendo a viejo tema de las críticas cruzadas, Rossini llegó a decir de Héctor Berlioz, algo más joven que él: «menos mal que este chico no conoce la música, porque escribiría una muy mala». Aunque lo cierto es que Berlioz tuvo también algunos admiradores de la talla de Liszt, que acudió al estreno de su *Sinfonía Fantástica* y le debió gustar tanto que la transcribió para el piano. Y ya que hablamos de Berlioz, no parece que estuviera falto de autoestima y de ingenio. En cierta ocasión afirmó: «Mi vida es una novela que encuentro muy interesante», y cuando estaba a punto de morir dijo a su amigo Antoine Elwart: «Si tienes que hacer tú el discurso en mi entierro, prefiero no morir».

Música de caballos

Al escuchar el final de la obertura de *Guillermo Tell* es muy difícil no imaginar el galopar de unos caballos que se aproximan, y seguramente los lectores algo entrados en años reconozcan de inmediato en esta partitura la sintonía de la serie de televisión *El llanero solitario*.

G. ROSSINI.
OBERTURA
DE GUILLERMO
TELL

La asociación entre esta melodía y una carga de caballería no es casual, puesto que esta parte de la obertura es un *Galop*, un tipo de danza en dos por cuatro con un ritmo que imitaba al galope los caballos y se hizo popular en los salones de Francia hacia 1820, introducida por la Duchesse du Berry.

Un momento de la ópera *Guillermo Tell*, con música de Gioachino Rossini y libreto en francés de Étienne de Jouy e Hippolyte Bis.

La obertura de *Guillermo Tell* está compuesta por cuatro momentos bien diferenciados que se encadenan sin interrupción, comenzando con el Preludio a cargo de los violonchelos, seguido por *La tormenta*, con toda la orquesta tocando al completo con protagonismo de los metales. Continúa con el *Ranz des vaches*, de ambiente bucólico con solos de la flauta y el corno inglés que se van alternando e inspirada en una melodía que los pastores suizos tocaban mientras conducían al ganado a los pastos, para terminar con el célebre *galop*.

El problema del galope

En el *galop* de *Guillermo Tell* o en cualquier película del oeste es fácil reconocer en el ritmo de corchea-dos semicorcheas la onomatopeya del sonido de las patas del caballo al galope —ese es el precisamente el ritmo que tararean los niños cuando quieren imitarlo: *tacatán, tacatán, tacatán*—. Pero lo que no era tan evidente hace un tiempo era saber cómo se desplaza realmente un caballo a alta velocidad y de qué manera mueve sus patas. No es posible captarlo a simple vista, y mientras algunos sostenían que había un momento en que las cuatro quedaban en el aire, otros afirmaban que en todo momento había alguna pata en contacto con el suelo.

En la década de 1870 el fotógrafo Edward James Muggeridge ideó una serie de experimentos con fotografías a alta velocidad —para la época— a los que llamó *The horse in motion* —El caballo en movimiento—. Con estos experimentos demostró mediante doce fotografías tomadas en aproximadamente un segundo que, efectivamente, durante un instante el caballo permanece en el aire, como se puede apreciar en las dos primeras imágenes de la fila inferior. Problema resuelto.

Al trote

La obertura de la opereta *Caballería Ligera*, de Franz von Suppé —nacido como Francesco Ezechielle Ermenegildo Cavalliere Suppé Demelli en Split, en la actual Croacia—, es otra obra muy conocida que recuerda a los caballos, y habitual del concierto de Año Nuevo de la Filarmónica de Viena junto con otra de sus oberturas, *Poeta y aldeano*.

En el final de *Caballería Ligera* aparece un ritmo similar al de la de Rossini, pero en este caso en compás de seis por ocho, pero siempre conservando las dos semicorcheas al final de cada pulso que imitan el movimiento de las patas del caballo. Aunque quizá en esta obra ese ritmo y el tempo indicado de *Allegretto brillante* sugieran más un trote ligero que un galope tendido.

Un extranjero en Milán

En el nombre de pila Joseph Fortunin François es muy difícil reconocer a uno de los más conocidos compositores de ópera de todos los tiempos: Giuseppe Verdi. Este compositor

F.V. SUPPÉ. CABALLERÍA LIGERA

Von Suppé fue un prolífico compositor de operetas, ballets y vodevil —en total escribió más de doscientos—, pero además de compositor era cantante ocasional. En 1842 conoció en Viena a Gaetano Donizetti, de quien era pariente lejano, que le confió el papel de Dulcamara en su ópera *L'Elixir d'amore*.

Autor de algunas de las óperas más populares, como *Rigoletto*, *Il Trovatore* o *La Traviata*, Giuseppe Verdi fue el gran dominador de la escena lírica europea durante la segunda mitad del siglo XIX.

italiano, quizá el más grande del siglo XIX, nació el 19 de octubre de 1813 en la aldea de Roncole, donde su padre era el propietario de un modesto despacho de vinos y su madre hilandera. El motivo de que fuera bautizado con este nombre es que el Ducado de Parma, en el que se encuentran la localidad de Busseto a la que pertenecía Roncole, estaba en aquel momento bajo el dominio francés del duque Carlos Luis de Borbón-Parma. Esta circunstancia tuvo algunas consecuencias en los comienzos de la carrera de Verdi como por ejemplo al intentar ingresar en el conservatorio de Milán cuando contaba diecinueve años, porque tuvo que hacer el examen reservado a los candidatos extranjeros y no fue capaz de superarlo.

Al no ser admitido en el conservatorio, Verdi tuvo que seguir una enseñanza particular con Vincenzo Lavigna, del teatro de la *Scala* de Milán, contando con la ayuda económica de Antonio Barezzi, un rico comerciante de Busseto que siempre fue su benefactor. Al tiempo Verdi se casaría con la hija de este, Margherita, pero esta moriría al cabo de pocos años, al igual que los dos hijos de la pareja.

Al principio de su carrera de compositor Verdi no tuvo suerte con su segunda ópera, *Un giorno di regno ossia Il finto Stanislao*, que solamente se representó una única vez. En cambio, su primera ópera, *Oberto, conte di San Bonifacio*, había sido estrenada solo un año antes con un éxito aceptable y un total de trece representaciones. ¿Por qué este cambio en el favor del público?

Cualquier compositor de ópera novel que quisiera triunfar en Milán debía, según establecían las costumbres de la época, demostrar su talento en varios registros y temáticas diversas, incluida la comedia. El problema era que *Il finto Stanislao* estaba basada en un tema cómico, pero el ingenio de Verdi no parecía estar hecho para hacer reír. La obsesión por triunfar sin apartarse de las convenciones del estilo imperante y ciñéndose a los cánones establecidos años atrás por Rossini, pensando que con ello conquistaría al público milanés, provocó no solo que la obra no resultara original, sino que incluso en el momento de su estreno ya estuviera pasada de moda.

Pero si algo positivo supuso para Verdi estas dos primeras óperas es que gracias a ellas conoció a Giuseppina Streponi, que se convertiría con el tiempo primero en la compañera y años más tarde en la segunda esposa del compositor. Fue precisamente Giuseppina quien insistió ante el empresario de la *Scala*, Bartolomeo Merelli, para que ambas obras se estrenaran.

Giuseppina Streponi era una cantante con un pasado turbulento y al menos un hijo ilegítimo de una relación anterior, y que no siempre era bien recibida en cualquier ambiente. Cuando años más tarde Verdi compró una propiedad cerca de Busetto —*Sant'Agata*—, a donde se mudaron Giuseppina y él en mayo de 1851, fue mal vista por los habitantes del pueblo y Verdi, que ya no les guardaba ningún afecto, los evitó siempre que pudo durante el resto de su vida.

Escapar del destino

Poco tiempo después de este fracaso fue de nuevo necesaria la intervención de Giuseppina para convencer al empresario de que programara en su teatro *Nabucco*, la nueva ópera de Verdi, aunque fuera con una producción modesta y con la propia Strepponi en el papel principal, *Abigaille*. Pero al parecer la voz de Strepponi ya estaba por aquella época en franco declive y su dedicación al repertorio verdiano, de gran exigencia física y poco adecuado para su delicada voz, precipitó su retirada de los escenarios en 1842, con apenas treinta años. Al menos, el estreno de *Nabucco* sí que fue un rotundo éxito.

Aún más trágico que el Giuseppina es el caso del barítono Leonard Warren, que murió a causa de una hemorragia cerebral en Nueva York en 1960, en el escenario del Metropolitan Opera House al terminar de cantar el aria *Morir, tremenda cosa* de otra ópera de Verdi, maldita según algunos: *La forza del destino*.

El de Warren no es el único suceso relacionado con esta ópera basada en el drama del cordobés Ángel Saavedra, Duque de Rivas, *Don Álvaro o la*

En muchas de las representaciones de *La Fuerza del Destino* por todo el mundo las crónicas hablan de imprevistos, accidentes y, lo más inquietante, algunas muertes.

fuerza del sino. En primer lugar, el encargo para escribirla pilló a Verdi en un momento bastante inoportuno, enfrascado en sus obligaciones como recién elegido diputado en el Parlamento italiano, pero no pudo rechazar la sustanciosa oferta —60.000 francos— que le hizo el teatro Imperial de San Petersburgo. Una vez acabada la obra, su estreno estaba previsto para 1861, pero tuvo que retrasarse hasta el año siguiente porque la soprano Caroline Barbot, encargada de uno de los papeles principales, había caído enferma. Cuando por fin se pudo estrenar, esta primera versión de la ópera no tuvo buena acogida, sobre todo por la macabra escena final con el suicidio de Don Álvaro, que impresionó al público. Para solucionarlo Verdi pidió a su libretista, Francesco Maria Piave, que hiciera algunos cambios. Lamentablemente no pudo llevarlos acabo porque la muerte sorprendió a Piave a mitad del trabajo. Parece que no es buena idea jugar con el destino.

G. VERDI.
OBERTURA
DE LA FORZA
DEL DESTINO

Los años de cárcel

No eran aquellos tiempos fáciles para los creadores —ni tampoco lo son ahora, para qué nos vamos a engañar—. Si un autor lograba el éxito se veía obligado a componer más de una obra al año para los teatros de distintas ciudades, adaptándose siempre al gusto de cada una de ellas. Además, al no existir aún el concepto de derechos de autor como lo conocemos hoy en día la única remuneración que recibía provenía del suministro regular de nuevas partituras, en las que apenas podía intervenir en la elección del libreto. Esta tarea recaía en manos del empresario o, en muchas ocasiones, del círculo intelectual de la ciudad donde se iba a representar la ópera. No era menos importante la necesidad que el compositor tenía de adecuar su obra a la compañía y a las posibilidades técnicas de los cantantes que el empresario había contratado para aquella producción.

No es extraño que Verdi llamara a esta época de su vida en la que no podía rechazar ningún encargo, y además con esas condiciones, *Anni di galera*, años de cárcel.

> **Según relata una anécdota, en cierta ocasión un periodista preguntó a Verdi si tenía alguna teoría acerca del teatro, como la tenía Wagner, a lo que Verdi contestó: «Sí, el teatro tiene que estar siempre lleno».**

La censura

Como muchos autores, Verdi tuvo algunos encontronazos con la censura. Por ejemplo, en su ópera *Rigoletto* de 1851, basada en *Le roi s'amuse* de Victor Hugo, era poco conveniente que se presentara como un personaje libertino a todo un rey, por lo que el Francisco I de Francia original tuvo que ser sustituido por el duque de Mantua. Noble, pero menos.

Algo similar le ocurrió con *Un ballo in maschera*. Está basada en *Gustave III ou Le bal masqué* de Scribe, obra que presentaba en escena el asesinato del rey de Suecia durante un baile de máscaras. La ópera debía ser estrenada en Nápoles y la censura borbónica, horrorizada ante la representación de un magnicidio, impuso grandes modificaciones que Verdi se negó a realizar. El compositor decidió cancelar el estreno y trasladarlo al teatro Apollo de Roma, donde la censura era menos severa, pero aun así tuvo que cambiar la identidad del rey —que pasó a ser el conde de Warwick, gobernador de Massachussets— y llevar la acción a la lejana Boston en lugar de desarrollarla en la muy europea Estocolmo.

Durante su preparación esta ópera tuvo varios títulos diferentes: *Gustave III*, *Una vendetta in domino* y el definitivo *Un ballo in maschera*.

De Verdi a V.E.R.D.I

A mediados del siglo XIX la península italiana estaba dividida en multitud de pequeños estados, algunos de los cuales se encontraban bajo el dominio de dinastías extranjeras como los Habsburgo o los Borbones. El movimiento de unificación que se inició en las primeras décadas del siglo XIX y terminó en 1871 con la designación definitiva de Roma como capital de la nueva nación se conoce como *Risorgimento*.

Finalmente, y tras superar los obstáculos ya referidos, el estreno de la ópera de Verdi *Un ballo in maschera* en Roma en 1859 fue un rotundo éxito y coincidió con el *discurso del grito de dolor* de Vittorio Emanuele II en el parlamento del Piamonte, que representaba una declaración de guerra contra el Imperio de los Habsburgo.

En torno a Vittorio Emanuele se forjaría la unidad política de la península italiana, y se dice que el grito *Viva Verdi* que se escuchaba en el teatro pronto empezó a tener otro significado: *Viva Vittorio Emanuele, Re D'Italia.* —*V.E.R.D.I.*—, y que así se convirtió en un símbolo de lucha por la unidad nacional. Pero aunque es cierto que en ocasiones se utilizó en este sentido parece que realmente no fueron tantas como sugiere la visión idealizada que nos ha llegado.

Camilo Benso, Conde de Cavour y primer ministro de Vittorio Emanuele, fue uno de los principales impulsores de la unificación de Italia y necesitaba contar con personalidades reconocidas para fortalecer y dar prestigio a las instituciones del nuevo país. En 1859 Verdi fue elegido representante de Busseto en la Asamblea del departamento de Parma, y en 1861 diputado por la ciudad de Borgo San Donnino —actual Fidenza— en el Parlamento de Piamonte-Cerdeña en Turín. Ese Parlamento se convertiría en marzo de aquel mismo año en el Parlamento del Reino de Italia. Al parecer Verdi aceptó el cargo por la insistencia de Cavour y con

Al contrario de Mozart y muchos otros, no se conservan pruebas directas de la relación de Verdi con la masonería. Al parecer, aunque no hay datos fiables, se inició en ella al conocer en Londres en 1847 a Giuseppe Mazzini, periodista y activista en pro de la unidad de Italia que fundó una sociedad, *La Giovine Italia*, cuya finalidad era unir todos los estados italia-

nos en una única república. Lo que sí está demostrado es que personas muy relacionadas con Verdi eran masones, como los libretistas Francesco María Piave —autor de *Ernani, I due Foscari, Attila, Macbeth, Il Corsaro, Stiffelio, Rigoletto, La Traviata, Simon Boccanegra, Aroldo, La forza del destino*— y Arrigo Boito —*Otello, Falstaff*—, Cavour o el propio Giuseppe Garibaldi.

la condición de que renunciaría a él meses después, pero de todas formas tras la muerte de Cavour, ocurrida poco después, Verdi apenas asistió al Parlamento.

En 1874 Verdi fue nombrado senador, pero nunca participó en las actividades de la Cámara.

El origen de la Marcha Radetzky

Vittorio Emanuele II era el rey de Cerdeña y el Piamonte, y llegó al trono en 1849 tras la abdicación de su padre, Carlos Alberto, después de la derrota del ejército sardo a manos del Imperio austríaco en la batalla de Novara el 23 de marzo. Al día siguiente estrenó sus funciones como monarca acordando con el mariscal Radetzky los términos del llamado armisticio de Vignale.

Este mariscal Radetzky es el mismo Joseph Wenzel Graf Radetzky von Radetz al que Johann Strauss padre dedicó su célebre marcha, que en su tiempo fue una pieza siempre vinculada con el nacionalismo austríaco, no sin un cierto aire reaccionario. En la actualidad acompaña algunos partidos de la selección de este país y se corea en la celebración de los goles de algunos equipos de su liga.

Derrota del ejército sardo a manos del Imperio austríaco en la batalla de Novara el 23 de marzo de 1849, que supuso la llegada al poder de Vittorio Emanuele II.

Con un aire netamente festivo la Filarmónica de Viena despide cada año su concierto de Año Nuevo con esta pieza, acompañada por el aplauso —en ocasiones ciertamente sincopado— del selecto público que llena la *Musikverein*.

En ese concierto se tocaba normalmente la versión revisada por Leopold Weninger en el siglo XX, con una instrumentación más amplia que en la original de Strauss —aunque en 2001 Nikolaus Harnoncourt, especialista en la interpretación según criterios históricos, la dirigió en sus dos versiones, una al final y otra al principio del concierto—, pero en 2020 se volvió a la inicial debido a los vínculos de Weninger con el nazismo, en pleno proceso de revisión del dudoso pasado de la orquesta. Como anécdota cabe señalar que Weninger es el autor de la versión orquestal del himno del Perú.

La monarquía italiana se mantuvo hasta 1947. Tras Vittorio Emanuele II llegaron Humberto I, Vittorio Emanuele III y Humberto II. Pero vista la complicidad de Vittorio Emanuele III con el régimen fascista de Benito Mussolini y tras la derrota de Italia en la Segunda Guerra Mundial la imagen de la monarquía quedó muy deteriorada, algo que no consiguió reparar la abdicación en su hijo Humberto. Finalmente Italia decidió en referéndum celebrado ese mismo año constituirse en república.

El concurso

En 1888 el editor milanés Edoardo Sonzogno organizó un concurso de composición para jóvenes autores cuyo premio consistía en la representación en Roma de las tres mejores óperas en un acto presentadas, a juicio del tribunal compuesto por compositores y críticos italianos. Su intención era renovar la ópera italiana, en la que el estilo y la popularidad de Verdi eclipsaban cualquier intento de innovación, introduciendo en ella nuevos temas más cercanos a la realidad social del momento y rechazando los argumentos idealizados que se desarrollaban en lugares remotos con los que el público difícilmente podía sentirse identificado. Esta renovación de la lírica italiana, su búsqueda de realismo en los argumentos y de naturalidad y autenticidad en sus personajes dio lugar a un nuevo estilo: el *verismo*.

Del concurso de Sonzogno saldrían dos de las óperas más populares aún hoy en día: *Cavalleria Rusticana* y *Pagliaci*. El primer premio de la primera edición del concurso se lo llevó *Cavalleria Rusticana* de Pietro Mascagni, con libreto de Giovanni Targioni-Tozzetti y Guido Menasci. Consta de un único acto interrumpido por un *intermezzo* y está basada en un relato del

Cavalleria Rusticana de Pietro Mascagni, con libreto de Giovanni Targioni-Tozzetti y Guido Menasci.

novelista Giovanni Verga. Su estreno en el Teatro Constanzi de Roma el 17 de mayo de 1890 fue todo un éxito, y Mascagni más adelante escribiría a un amigo confesándole que esta ópera le había hecho rico para toda la vida. No era para menos: cuando Mascagni murió en 1945 *Cavalleria Rusticana* había superado en Italia las catorce mil representaciones.

Del mismo concurso surgiría un par de años más tarde *Pagliaci*, de Ruggero Leoncavallo y estrenada en 1892. Esta ópera a menudo se representa junto con *Cavalleria* formando un programa doble, dada la moderada duración y el estilo similar de ambas.

Otros ejemplos del estilo *verista* serían *La Bohème* o *Madame Butterfly* de Giacomo Puccini, aunque también podríamos encontrar un precedente en la *Carmen* de Bizet, de 1875, en *La Traviata* del mismísimo Verdi o incluso en la zarzuela. Por cierto, el nombre de este estilo tan castizo proviene del palacio de la Zarzuela de Madrid, que es donde se empezó a representar.

Lo que diferencia la zarzuela de la ópera es que en ella se combinan partes cantadas y habladas, al estilo del *singspiel* alemán. En sentido estricto, *La flauta mágica* de Mozart no es una ópera, sino un *singspiel* —pero a nadie se le ocurriría decir que *La flauta mágica* es una zarzuela, ¿verdad?—.

G. BIZET.
HABANERA
DE CARMEN

El estreno de *Carmen* en la Opéra-Comique de París en 1875 no permitía presagiar el éxito que tendría años más tarde y que su autor Georges Bizet, muerto a los treinta y seis años de edad, no llegaría a conocer. Recibió reacciones negativas por parte de todos los críticos y estuvo a punto de cancelarse. Aunque finalmente consiguió mantenerse en cartel hasta el final de la temporada llegaron a regalarse entradas para aumentar la audiencia. Pero a la larga consiguió derribar las barreras entre la ópera seria y la ópera cómica —en la que también había pasajes hablados, al estilo de la zarzuela— y ayudó a sentar las bases sobre las que se asentarían en Francia y en otros países unos estilos más centrados en el realismo y los personajes populares. Según Nietzsche, Carmen era «una respuesta latina a la estética wagneriana».

Cavalleria y la *Cosa Nostra*

En muchas ocasiones se hace una traducción demasiado literal de *Cavalleria Rusticana* como «caballería», pero en realidad debe ser interpretado como caballerosidad o nobleza rústica —o pueblerina—. El título hace referencia al sentido del honor, comportamientos y relaciones de respeto entre los miembros de la sociedad rural siciliana de mediados del siglo XIX entre los que se desarrolla la acción. Por eso algunos la consideran como la primera obra de arte que trata abiertamente sobre una organización secreta pero por todos conocida: la Mafia.

Pietro Mascagni era de la Toscana y nunca había viajado a Sicilia, pero en su ópera ofrecía lo que sabía que el público romano esperaba ver en ella: una historia llena de pasión y celos que se desarrolla en una tierra lejana habitada por personas que hablan en un dialecto apenas comprensible. Pero lo que el público en realidad estaba viendo en los dos protagonistas, Turiddu y sobre todo en el carretero Alfio, era el prototipo de dos *mafiosi*, dos personajes sujetos a un arcaico código del honor al que obedecían los habitantes de la isla.

Para que no falte de nada, cuando los dos hombres sienten su honor ofendido y saben que tienen derecho a *vendetta* ambos de abrazan retándose a duelo, tal y como hemos visto en infinidad de películas, y Turiddu muerde la oreja de Alfio hasta hacerle sangre, lo que indica que el duelo será a muerte. Salen de la escena y al rato una voz de mujer grita «*hanno ammazzato compare Turiddu»*, anunciando la muerte del protagonista.

Según ciertos autores el término *mafioso* deriva del dialecto de Palermo y significa «atrevido o seguro de sí mismo», y algún otro afirma que «el mafioso es alguien que siempre desea dar y recibir respeto. Si alguien le ofende, no acude a la ley». Esta última frase es de Giuseppe Pitrè, un médico y antropólogo que acuñó el término *demopsicología* y recorrió Sicilia a mediados del siglo XIX recogiendo cuentos, canciones, costumbres y supersticiones populares. Su obra influyó en Giovanni Verga, el ya mencionado autor de la historia que inspiró *Cavalleria Rusticana*. Sin duda, Pitrè estaría encantado con la representación de la idea que él mismo tenía de Sicilia presentada por Mascagni, y también con la extraordinaria acogida que le dispensó el público.

La conexión entre *Cavalleria* y la *Cosa Nostra* no termina aquí. Su música es el telón de fondo de la larga escena final de la película *El Padrino III*, que se desarrolla cuando el clan Corleone al completo acude al Teatro Massimo de Palermo —¿dónde si no?— para presenciar el estreno de esta ópera, que además protagoniza el hijo de Michael Corleone, Anthony, en el papel de Turiddu. Durante la representación los secuaces de la familia van ajustando cuentas con todos sus enemigos hasta el trágico desenlace en la gran escalinata del teatro. El célebre *Intermezzo* de Marcagni redondea la relación entre la película y la ópera durante la solitaria muerte del anciano patriarca Michael Corleone en el jardín de su granja siciliana y acompañando los créditos finales.

> Se dice que los auténticos *padrinos* de la Mafia neoyorquina se sintieron emocionados al verse representados en la pantalla con tanta elegancia en *El Padrino*, y que tácitamente dieron su visto bueno al film antes del estreno. Hay quien va más allá y afirma que muchos de los comportamientos y formas de expresarse los actores fueron adoptados a posteriori por los mafiosos de verdad.

P. MASCAGNI.
INTERMEZZO
DE CAVALLERIA
RUSTICANA

Confusión de nombres

El apellido Corleone permanecerá siempre ligado al cine sobre la Mafia, pero su elección para estos personajes de ficción no es casual. No en vano el pueblo de Corleone ha sido siempre uno de los principales bastiones

Cavalleria Rusticana es el inmejorable telón de fondo musical del final de la trilogía de *El Padrino*.

de la organización y fue la cuna de varios de los nombres más conocidos y temidos de la Mafia, y también de una de las familias más poderosas y brutales: los *Corleonesi*.

Pero resulta que Vito Corleone no es el nombre auténtico del patriarca, sino Vito Andolini. Como se ve en una escena de *El Padrino II*, al llegar siendo un niño a la isla de Ellis de Nueva York —el centro de reunión de los inmigrantes italianos recién llegados a los Estados Unidos— huyendo de la *vendetta* de un mafioso de su pueblo, un oficial de inmigración le pregunta por su nombre, pero el pequeño Vito no consigue entenderle. Solamente es capaz de decir el pueblo del que proviene, Corleone. De ahí el nombre.

> **Un caso parecido sucedió, pero esta vez en la vida real, con la familia del célebre contratenor francés Philippe Jarousski. Al emigrar sus bisabuelos procedentes de Rusia un agente de aduanas les preguntó: «¿rusos?». La respuesta: «¡da, russkiy!»**

Un crimen en el escenario

La otra célebre ópera surgida del concurso de Sonzogno, *Pagliacci*, con música y libreto de Ruggero Leoncavallo, no estuvo exenta de polémica, incluyendo acusaciones cruzadas de plagio. El argumento narra una historia de celos dentro de una compañía de teatro de *La comedia del arte* en la que finalmente Canio —que interpreta a Pierrot—, durante una representación asesina realmente en el escenario a su esposa Nedda —Colombina— y al amante de esta. La obra termina con la lapidaria frase de Canio «*la commedia è finita*».

El problema era que unos años antes un tal Catulle Mendes había estrenado su drama *La femme de Tabarin* con un argumento muy similar. No solo eso, a Mendes a su vez se le acusaba de haberlo copiado de la obra *Un drama nuevo*, del escritor madrileño Manuel Tamayo y Baus, estrenado en el teatro de la Zarzuela en 1867 con el seudónimo de Joaquín Estébanez. En su defensa Leoncavallo alegó que se trataba de un caso real que le había contado su padre, que era juez y había sido el encargado de instruirlo, aunque nunca llegó a presentar las pruebas. Además, resultaba más que sospechoso que viviera París precisamente en el momento en que allí se representaba *La femme de Tabarin*.

Pagliacci también guarda relación con la mafia cinematográfica. En la película *Los intocables de Eliott Ness*, dirigida por Brian de Palma en 1987, Al Capone, que en la vida real admiraba la voz del tenor Enrico Caruso, asiste a una representación de esta ópera. Mientras suena la célebre aria *Vesti la giubba*, en la que el tenor canta su desesperación por tener que mostrar al público su cara alegre ocultando todo el sufrimiento que le atormenta, Capone es informado de que uno de los colaboradores de Eliott Ness acaba de ser asesinado cumpliendo sus órdenes. En el rostro del mafioso, encarnado por Robert De Niro, se confunden la emoción por el dramatismo del aria y la satisfacción por la venganza cumplida.

R. LEONCAVALLO. ARIA VESTI LA GIUBBA DE PAGLIACCI

Moguchaya kuchka, o *Los cinco*

Aunque no tengan nada que ver con los libros para jóvenes que décadas más tarde publicaría Enid Blyton, existió en la Rusia de mediados del siglo XIX un grupo de compositores al que en el resto del mundo también se conocería como *Los cinco* y, como ocurría en aquellos libros, cada uno tenía un marcado carácter que le diferenciaba de los demás y aportaba su personalidad al conjunto.

El grupo, del que la traducción literal del nombre original —*Moguchaya kuchka*— sería *El gran puñado*, estaba formado por Modest Musorgski, Nikolai Rimski-Korsakov, Aleksander Borodin, Mili Balakirev y Cesar Cui.

La intención de todos ellos era sentar las bases sobre las que asentar la música rusa alejándose de las convenciones y el academicismo occidentales. Para conseguirlo se proponían desarrollar cuatro líneas principales: componer sin ideas preconcebidas, utilizar elementos orientalistas, seguir una marcada preferencia por la música programática y formar un carácter nacional basado en el folklore local y en los ritmos exóticos del oriente del Imperio.

Mili Alekseievich Balakirev ha quedado para la posteridad como el compositor en torno al cual se aglutinó el grupo de *Los cinco* más que por su propia música, a pesar de ser el autor de una colección de canciones rusas, haber recopilado temas de otros países y haber compuesto varias sinfonías y poemas sinfónicos. Rimski-Korsakov, Musorgski y Borodin fueron alumnos suyos, y fue el director y uno de los fundadores de la Escuela Libre de Música de San Petersburgo y de la Capilla Imperial de Música.

César Cui es el menos conocido del grupo y su contribución a *Los cinco* fue sobre todo en calidad de teórico, centrado en trazar las líneas fundamentales de un estilo musical propio de Rusia, y de propagandista encargado de darlo a conocer. Cui compaginó su carrera musical con la militar con gran éxito y llegó a ser general. Era ingeniero, topógrafo y su especialidad eran las fortificaciones militares. Sobre este tema daba clase en las academias del ejército y escribió varios libros, e incluso durante un tiempo llegó a ser consejero del zar Nicolás II. No fue hasta 1861 que se acercó a los círculos musicales y empezó a escribir críticas para los periódicos elogiando el estilo verdaderamente ruso.

La visión de la música de *Los cinco* coincidió en el tiempo con la de Piotr Ilich Chaikovski, con la que no coincidía. Chaikovski buscaba crear composiciones que trascendieran las barreras nacionales sin por ello perder el carácter ruso, aunque eso supusiera modificar y adaptar algunas de las normas clásicas. Pero aunque utilizó algunas canciones populares en sus obras, siempre lo hacía siguiendo en gran medida las normas occidentales.

Los Cinco, en cambio, optaban por romper con la tradición enseñada en los conservatorios y consideraban el academicismo como una amenaza para la creatividad. De hecho, ninguno de ellos tuvo nunca una formación académica en composición y en el Conservatorio de San Petersburgo no se les llamaba *Los cinco*, sino *El grupo de los aficionados*.

Estas diferentes perspectivas parecían hacer de Chaikovski un blanco fácil para las críticas de Cui, pero a pesar de ello *Romeo y Julieta* y otras obras suyas tuvieron una acogida entusiasta dentro del grupo. *Los Cinco* y Chaikovski siempre mantuvieron unas relaciones cordiales, pero las diferencias en su ideario musical no permitieron una colaboración más estrecha.

Rimski-Korsakov utilizó personajes de la poesía popular, viejos cuentos, ritos eslavos, temas legendarios y todo el romanticismo de Oriente para dotar a su obra de una gran variedad de estilos y riqueza musical.

Rimski-Korsakov, el hermano del navegante

Ojeando un atlas podemos encontrar en el Mar del Japón un diminuto archipiélago deshabitado llamado llamado Rimsky-Korsakov, que fue descubierto por balleneros franceses en 1851 —que lo llamaron *Ìle pelée*, *Isla pelada*, lo que nos da una idea de lo acogedor del lugar—. Pero a pesar de lo que pudiéramos pensar nosotros, amantes de la música clásica, no está dedicado al célebre compositor, sino a su hermano Voin Andreyevich, que fue en su época un conocido navegante y explorador que se dedicó principalmente a investigar por aquellas aguas.

Sin embargo, Nikolai Rimski-Korsakov también sentía una gran pasión por el mar y los viajes, probablemente derivada de las lecturas de su niñez y de escuchar las hazañas de su hermano, que era veintidós años mayor que él. Esta vocación marinera le serviría de inspiración para componer obras como *Scheherezade*.

N. RIMSKI-KORSAKOV. SCHEHEREZADE

Nikolai nació en 1844 cerca de San Petersburgo en el seno de una familia perteneciente a la baja nobleza, y hacia los doce años ingresó en el Colegio de Cadetes Navales. Empezó a estudiar piano por consejo de su hermano Voin, que pensaba que la música le ayudaría a superar su timidez, pero cuando Nikolai tenía diecisiete años Voin cambió de opinión y pensó que esos estudios ya no le resultarían de utilidad. No obstante, en 1861 Nikolai conoció a Balakirev, que le presentó a Cui y Musorgski y le animó a que compusiera aprovechando el tiempo que se veía obligado a pasar en alta mar. También le enseñó los principios básicos de composición y le insistió para que completara su formación en historia y literatura.

Durante los treinta y dos meses que duró una travesía por Estados Unidos, Brasil y el Cabo de Buena Esperanza como oficial en el velero *Almaz*, Rimski-Korsakov completó y envió por coreo a Balakirev su *Primera Sinfonía en Mi bemol mayor*, que ya había comenzado aprovechando unas vacaciones de invierno. También aprovechó aquel tiempo en alta mar para estudiar el *Grand Traité d'Instrumentation et d'Orchestration Modernes* de Berlioz y para leer a Shakespeare, Schiller y Goethe. Finalmente, la sinfonía se pudo estrenar en 1865 en la Escuela Libre de Música de San Petersburgo, con el propio Balakirev como director de la orquesta.

Además de oficial de la Armada Imperial Rusa y catedrático del Conservatorio de San Petersburgo, Nikolai Rimski-Korsakov fue durante un tiempo inspector de las bandas navales de música, a las que visitaba periódicamente por toda Rusia supervisando la labor de los directores y el repertorio que interpretaban. Su experiencia en estas bandas le permitió conocer a fondo la construcción y la técnica de los instrumentos de viento madera y metal, lo que enriqueció sus habilidades como orquestador, ámbito en el que se le consideraba un maestro. Posteriormente recogería estos conocimientos en un célebre manual titulado *Principios de orquestación*.

En cierta ocasión, cuando Rimski-Korsakov era profesor de orquestación, tuvo un encontronazo con uno de sus alumnos, Sergei Prokofiev. Al exponer este uno de sus trabajos ante la clase Rimski-Korsakov no dejaba de interrumpirle y de enumerar sus fallos. Prokofiev estalló y les dijo a todos: «Ya veis, el viejo está loco», pero lejos de lograr el apoyo de sus compañeros solo consiguió un aterrado silencio.

Pintar con música

De Modest Mussorgski se dice que fue el compositor del grupo de *Los cinco* que mejor supo reflejar el alma rusa, a pesar de su formación autodidacta y de sus profundas carencias técnicas, que hicieron que muchas de sus obras quedaran inacabadas.

Muchas de ellas se hicieron conocidas por sus versiones instrumentadas o completadas por otros compositores, como la famosa suite *Cuadros de una exposición*, originalmente compuesta para piano pero que alcanzó la celebridad en la versión orquestal realizada por Maurice Ravel en 1922, casi cuarenta años después de la muerte del compositor ruso.

Al igual que Rismki-Korsakov, Mussorgski entró en la carrera militar, primero en la Escuela Imperial de Cadetes y posteriormente en el Regimiento de Guardias Preobrazhensky.

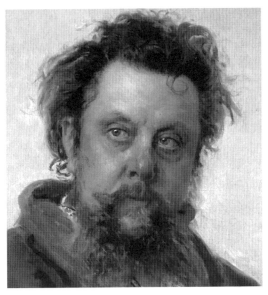

Modest Mussorgski era autodidacta, pero nos ha dejado grandes obras como la ópera *Borís Godunov* y los poemas sinfónicos *Una noche en el monte Pelado* y *Cuadros de una exposición*.

Este último era conocido, entre otras cosas, por acoger a los mayores aficionados al alcohol del ejército ruso, tentación a la que no pudo sustraerse Mussorgski, lo que agravó algunas incipientes alteraciones psíquicas que ya padecía y que le acompañarían durante toda su vida, como la epilepsia.

Al poco tiempo, Mussorgski se vio obligado a dejar el ejército y decidió dedicarse por completo a la música, pero las cosas no fueron demasiado bien y un poco más adelante no tuvo más remedio que empezar una carrera de funcionario para poder ganarse la vida.

Cumpliendo con los principios de la música programática, Mussorgski pretendía «dibujar con música». En *Cuadros de una exposición* se inspiró en diez pinturas de una exposición póstuma de su amigo Viktor Hartmann organizada por Vladimir Stásov, un crítico musical cercano al círculo de Balakirev. En la obra, Mussorgski no se limita a describir de forma independiente la imagen de cada uno de los cuadros, sus personajes —los *Gnomos*, *Sanuel Goldenberg y Schmuyle*— sus escenas —*El mercado de Limoges*— o sus paisajes —*Il vecchio castello*, *La Gran Puerta de Kiev*—, sino que realmente los integra dentro de la exposición recreando el paseo del espectador entre uno y otro repitiendo una pieza, la *Promenade*, que paulatinamente va integrándose en la música dedicada a las pinturas, consiguiendo que el visitante vaya entrando poco a poco en el mundo dibujado por el artista.

En el otoño de 1871 Mussorgski y Rimski-Korsakov compartieron piso siguiendo un singular acuerdo: Mussorgski podía utilizar el piano por las mañanas mientras Nikolai trabajaba orquestando, y este lo usaba cuando Modest se marchaba a mediodía a cumplir con su trabajo en la administración pública.

M. MUSSORGSKI.
UNA NOCHE
EN EL MONTE
PELADO

Otro ejemplo de la intención descriptiva de Mussorgski es *Una noche en el monte pelado*. El título completo es *La noche de San Juan en el Monte Pelado*, y se trata de un poema sinfónico basado en un cuento de Nokolái Gógol en el que la música nos narra todo el misterio de un aquelarre durante la noche del solsticio de verano en una montaña cerca de Kiev, el Monte Calvo.

La palabra *aquelarre* deriva directamente del euskera —*akelarre*— y está formada por *aker*, macho cabrío, y *larrea*, prado. Se puede traducir por *prado del macho cabrío*, y suponer que las brujas con sus invocaciones harían aparecer en ese lugar al maligno con la apariencia de ese animal, tal y como lo retrataría Goya. Por cierto, a Goya también le enterraron sin cabeza, igual que a Haydn, para intentar explicar las razones de su genialidad por medio de la frenología.

El científico despistado

Alexander Porfirievich Borodin fue el hijo ilegítimo del gobernador de Georgia, el príncipe Luka Stepanovitch Gedevanishvili, y la mujer de un médico militar. Como en aquella época era habitual en estos casos, se le inscribió en el registro como hijo de uno de los sirvientes del príncipe, Porfiri Borodin. Lo mismo se hizo con sus dos hermanos Dmitri Sergueievich Aleksandrov y Evgueni Fiodorovich Fiodorov. Tres hermanos de padre con tres patronímicos y apellidos diferentes.

A pesar de ser el autor de grandes obras como *El prícipe Igor*, *En las estepas del Asia central*, sus cuartetos de cuerda o sus sinfonías, durante toda su carrera siempre persiguió a Borodin cierta fama de músico aficionado con un deje aristocrático. Y no deja de ser cierto que, aunque en su juventud había estudiado piano y otros instrumentos, no recibió una formación seria en composición hasta que pasada la treintena conoció a Mili Balakirev, de quien fue alumno.

Esta imagen de amateurismo está plenamente justificada, porque Alexander Borodin era en realidad médico y químico de profesión. Gozaba

Tampoco contribuye a darle una imagen de músico serio su carácter distraído, que le llevaba a dejar inacabadas algunas obras. Incluso llegó a perder el manuscrito de su *Primera sinfonía*, que tuvo que volver a orquestar la víspera del estreno.

A. BORODIN. DANZAS POLOVSTIANAS DEL PRÍNCIPE IGOR

de un gran reconocimiento en el campo de la química, en el que realizó importantes descubrimientos como la *reacción Borodin-Hunsdiecker* o la *reacción aldólica*. Su obra más celebrada mientras vivía no fue una ópera o una sinfonía, sino un ensayo titulado *Sobre el efecto del yoduro etílico en la hidrobenzamida y la amarina*.

Según decía él mismo, «la música es un pasatiempo, una forma de relajarse de otras ocupaciones más serias».

Una amistad platónica

Al contrario de Mussorgski, que se vio obligado a trabajar en la administración para mantenerse económicamente, Chaikovski decidió abandonar a los veintitrés años su puesto de funcionario del Ministerio de Justicia y empezar a estudiar en el Conservatorio de San Petersburgo a pesar de los deseos de su familia. En este centro recibió una formación principalmente orientada hacia la música occidental, lo que le alejó de las corrientes nacionalistas representadas por el grupo de *Los cinco* aunque, como ya se ha dicho, siempre mantuvo una buena relación con ellos a pesar de sus diferencias estilísticas.

La música de Chaikovski siempre fue muy popular entre el público, sobre todo por la riqueza de sus melodías, la perfección en su elaboración y la búsqueda de las texturas orquestales más adecuadas para su idea musical. Además de sus sinfonías debemos destacar sus ballets, como *El lago de los cisnes* o *El cascanueces*, que desde hace años se han convertido en auténticos clásicos navideños.

No es fácil decidir cómo se debe escribir el nombre de este compositor, y podemos encontrarlo indistintamente como Chaikovski, Chaikovsky o Tchaikovsky. La cuestión es cómo transcribir adecuadamente desde el alfabeto cirílico al latino Пётр Ильич Чайковский, sobre todo la primera consonante del apellido —Ч—, cuyo sonido es equivalente a nuestro dígrafo CH. Pero resulta que la grafía CH tiene una pronunciación diferente en inglés y en francés, que podríamos transcribir como SH, y precisa de una T inicial para indicar la pronunciación deseada, que recibe el nombre técnico de *consonante postalveolar sorda*. Por eso la grafía más adecuada para nosotros es Piotr Ilich Chaikovski.

Pero tampoco debemos pensar que estamos escribiendo su nombre con dos apellidos sino, como sucede con todos los nombres rusos, su nombre, el patronímico —nombre del padre— y un apellido: Piotr, hijo de Ilia, Chaikovski. Señalemos que tanto el patronímico como el apellido varían según la persona sea hombre o mujer. Su hermana, por ejemplo era Alexandra Ilinishna Chaikovskaya.

Chaikovski era homosexual pero siempre se esforzó por ocultarlo, y durante su vida mantuvo relaciones de distinto tipo con varias mujeres. Siendo joven, se enamoró de una soprano llamada Desirée Artot pero esta se casó con otro, y al tiempo una de sus alumnas de composición del conservatorio de Moscú, Antonina Miliukova, se enamoró de él y le enviaba continuamente cartas de amor. Incluso llegó a amenazarle con suicidarse si no se casaba con ella.

En el verano de 1877 Chaikovski accedió a contraer matrimonio con Antonina pero, como era de esperar, la cosa no funcionó demasiado bien y su convivencia apenas duró un mes. Esta vez fue Chaikovski el que intentó suicidarse tirándose al río Moscova con la intención de pillar una pulmonía, pero sin lograrlo. Antonina y Piotr nunca se llegaron a separar legalmente y el compositor le ayudó económicamente hasta que murió en

1893 —ella figura como viuda de Chaikovski—. Antonina Miliukova acabó sus días en 1917 en un manicomio, donde había pasado recluida los últimos veinte años.

Es muy conocida la relación de Chaikovski con Nadezhda von Meck, la viuda de un empresario que había hecho fortuna con el ferrocarril en un momento en que era un buen negocio. Tengamos en cuenta que entre 1860 y 1880 Rusia pasó de tener ciento cincuenta kilómetros de vías a más de veinte mil. A la muerte de su marido Nadezhda heredó dos líneas férreas y muchas propiedades.

Von Meck proporcionó a Chaikovski durante catorce años los medios económicos para poder dejar su puesto en el conservatorio de Moscú y dedicarse exclusivamente a la composición, con una asignación diez veces mayor que su anterior sueldo de funcionario. La única condición que le puso era que nunca debían conocerse en persona, aunque él podía alojarse en sus mansiones y en las casas que ella le alquilaba, en las que nunca coincidían. Durante todos esos años de relación platónica intercambiaron más de mil doscientas cartas.

La viuda Von Meck no se limitó a ayudar a Chaikovski. Fue una auténtica mecenas de las artes con protegidos como Claude Debussy y Nikolai Rubinstein. Este último era el hermano menor del pianista Anton Rubinstein —uno de los virtuosos rivales de Liszt— e íntimo amigo de Chaikovski. Dirigió el estreno en San Petersburgo de su cuarta sinfonía «dedicada a mi mejor amiga», Nadezhda.

Corren muchos rumores acerca de la muerte del compositor, oficialmente provocada por el cólera, pero persiste uno que afirma que la causa fue un suicidio inducido. Aunque también pudo haber sido una combinación de ambos.

Según esta tesis los antiguos compañeros de Chaikovski en la Escuela de Derecho se habían enterado de su homosexualidad y de que mantenía una relación con el sobrino de uno de ellos. Celebraron un tribunal de honor en el que solo le dejaron dos salidas: o bien hacía pública su condición, lo que le acarrearía el deshonor, o se suicidaba con veneno. Siguiendo

Nadezhda von Meck tuvo con su marido Karl Otto nada menos que dieciocho hijos, de los que sobrevivieron once. Y eso que enviudó a los cuarenta y cinco.

P.I. CHAIKOVSKI.
EL CASCANUECES

Un ejemplo célebre de suicidio inducido fue el de Sócrates, obligado a tomar cicuta en el 399 a.C. por no acatar los dioses atenienses y por corromper a la juventud con sus ideas.

con esta teoría, Chaikovski aprovechó que se había declarado en San Petersburgo una epidemia de cólera para beber agua sin hervir. De esta forma, supuestamente, enfermó y murió a los pocos días —aunque una variante de esta teoría sostiene que lo que bebió realmente fue arsénico—.

Sea cual fuere la causa real, el final del último movimiento de su sexta sinfonía, *Patética*, estrenada nueve días antes de la muerte del compositor, parece anunciar el inminente final. Chaikovski fue enterrado en el cementerio del monasterio Alexander Nevski de San Petersburgo, cerca de donde yacían Glinka, Borodin y Musorgski y donde un poco más adelante lo harían Rimski-Korsakov y Balakirev.

Un cisne por el río de los muertos

Jean Sibelius nació en 1865 en Finlandia, que desde 1808 pertenecía al Imperio ruso como *Gran Ducado de Finlandia*. Aunque el país gozaba de una cierta autonomía con respecto al Imperio, ésta se vería truncada en 1899 cuando el zar Nicolás II firmó un manifiesto recortando los derechos civiles de reunión y de expresión, e imponiendo el ruso como la única lengua oficial. El país se mantuvo bajo el dominio de su vecino hasta la Revolución de Octubre de 1917, momento en que proclamó su independencia.

A los diecinueve años Sibelius emprendió sus estudios de derecho a la vez que se matriculaba en el Instituto de Música,

Jean Sibelius contribuyó con su obra a forjar la identidad nacional de Finlandia, que en aquella época se encontraba bajo el dominio ruso.

que hoy lleva el nombre de Academia Sibelius y es uno de los centros de enseñanza musical más reconocidos de Europa. Al poco tiempo abandonó sus estudios en la universidad y se centró en la música. En esa época comenzó su interés por la historia de su país y su afinidad con las ideas liberales y nacionalistas que reflejaría en obras como *Karelia* o *Finlandia*, de claras aspiraciones independentistas y que llegaría a ser una especie de himno nacional oficioso, y *El cisne de Tuonela*.

Se atribuye a Sibelius el haber contribuido a formar una identidad nacional finlandesa con obras como esta última, basada en la epopeya nacional, el *Kalevala*, al igual que otras del mismo autor como *Kullervo* o *Tapiola*. El poema épico *Kalevala* fue recopilado ente 1835 y 1849 por el filólogo Elías Lönnrot a partir de un conjunto disperso de relatos y canciones tradicionales, y en esta obra los pintores y músicos finlandeses buscarán en el pasado rastros de su propia identidad nacional, de la misma manera que ocurría en los movimientos nacionalistas de otros países.

J. SIBELIUS. EL CISNE DE TUONELA

Además, en el momento en que Sibelius compone *El cisne de Tuonela*, en 1893, el nacionalismo finlandés intenta defender su cultura no solo frente al dominio zarista sino, también ante la creciente influencia lingüística y cultural sueca.

La obra estaba pensada para ser la obertura de una ópera que debía titularse *La construcción de la barca* y que Sibelius ideó a imagen de las de Wagner, pero nunca llegaría a componer. Finalmente quedó incluida dentro un ciclo titulado *Suite de Lemminkäinen. Cuatro leyendas Op. 22*, protagonizado por *Lemminkäinen*, el héroe de la mitología finesa, junto con los otros poemas sinfónicos *Lemminkäinen y la muchacha de la isla*, *Lemminkäinen en Tuonela* y *El regreso de Lemminkäinen*.

Es interesante el paralelismo entre esta *Tuonela*, la tierra de los muertos que según la tradición finlandesa está rodeada por un río, y el Hades de la mitología griega. Si en esta era Caronte el encargado de llevar en su barca el alma de los muertos a través del río Estigia hasta su morada definitiva, en el Kalevala la encargada de guiar la nave será Tuonen Tyttö, la chica de la barca.

En la partitura de Sibelius el río que rodea *Tuonela* aparece descrito como de aguas negras y rápida corriente, donde un cisne se desliza cantando majestuosamente. El río está representado por el arpa y la cuerda, mientras que el solo de corno inglés da voz al cisne con una melodía doliente y de mal presagio.

Sibelius siguió componiendo hasta principios de los años treinta del siglo XX, momento en el que repentinamente decide dejar de hacerlo sin dar ninguna explicación. Incluso llega a destruir los apuntes que estaban destinados componer una octava sinfonía. Aún viviría casi treinta años más, siempre alejado de la composición.

Según el mito clásico, las aguas del río Estigia volvían invulnerable a todo aquel que se sumergiera en ellas. Por eso Tetis bañó a su hijo Aquiles en esas aguas, pero sin tener en cuenta que le estaba sujetando por el talón. Al no recibir el mágico influjo de las aguas este se convirtió en el único punto vulnerable del héroe, en el que Paris clavaría su flecha envenenada durante el asedio de Troya.

Otro paseo por el río

Bedrich Smetana nació en Bohemia, en la actual República Checa, y era hijo de un músico aficionado con una familia muy numerosa. Su padre, propietario de una cervecería, tuvo ocho hijos con su primera esposa y con la segunda tendría diez más, siendo el compositor el tercero de ellos.

En 1848, cuando contaba veinticuatro años, la revolución de Praga despertó los sentimientos nacionalistas de Smetana y perteneció al *Svornost*, un

ejército de ciudadanos preparado para defender la ciudad frente al gobierno absolutista de los Habsburgo. De esta época datan sus marchas para la Guardia Nacional Checa y para la Legión de Estudiantes de la Universidad de Praga, y la *Canción de la libertad*. Lo curioso de Smetana es que estando tan comprometido políticamente se vio obligado a aprender el que se suponía que debería haber sido su idioma materno, puesto que en su casa siempre se había hablado en alemán —que era el idioma oficial de Bohemia mientras formaba parte del Imperio Austrohúngaro— y no en checo.

Smetana está considerado como el iniciador de la escuela musical nacionalista checa.

La vida de Smetana estuvo marcada por la desgracia, puesto que a la temprana muerte de sus tres hijas se le sumaron sus problemas de salud provocados por la sífilis, la tuberculosis y finalmente la sordera. Todo ello le llevó a tener graves problemas psiquiátricos que le causaban alucinaciones, le condujeron a la depresión y a tener ideas suicidas, y finalmente provocaron que acabara sus días internado en un psiquiátrico.

Su obra más popular es *Má vlast*, que se puede traducir como *Mi patria* y es un conjunto de seis poemas sinfónicos dedicados a varios lugares y leyendas de Bohemia. Lo conforman *Vysehrad* —el nombre del castillo de Praga—, *Vltava —El Moldava—*, *Sarka* —una guerrera de la leyenda checa *La guerra de las doncellas*—, *Zceskych luhu a háju —De los bosques y prados de Bohemia—*, *Tabor* —el nombre de una ciudad— y *Blanik* —una montaña en cuyo interior duerme un ejercito capitaneado por San Wenceslao, patrón del país—. De entre todos ellos el más conocido sin duda es *El Moldava*.

Este poema sinfónico describe el curso de este río desde su nacimiento en la Selva de Bohemia hasta la ciudad de Praga. Comienza con el arpa, las flautas y los clarinetes, que con una nerviosa melodía representan los manantiales y arroyos de montaña que van confluyendo en el que será un gran río. La música nos va describiendo el recorrido el Moldava al pasar por un lugar donde se está celebrando la boda de unos campesinos, más adelante por los *Rápidos de San Juan* y por la fortaleza de Vysehrad, a la que está dedicado el primero de los poemas sinfónicos de *Má vlast* y cuya melodía principal se recuerda en ese momento a modo de *leit motiv*. Al llegar a la capital la música pasa al modo mayor y vemos como el río continua con su apacible discurrir y se va alejando hasta desembocar finalmente en el Elba.

B. SMETANA. EL MOLDAVA

Problemas de oído

Aunque Beethoven es el prototipo del músico que va perdiendo la audición hasta quedarse completamente sordo no es el único caso. Smetana, que cuando estaba en plenas facultades tenía oído absoluto, se quedó repentinamente sordo a los cincuenta años, al parecer a causa de una grave infección de garganta. Pero a pesar de todo siguió escribiendo música y compuso *El Moldava* cuando ya había perdido completamente el oído.

Aunque existen varias hipótesis, al parecer Beethoven se fue quedando sordo a causa del saturnismo, o intoxicación por plomo, la misma causa que probablemente aceleró la muerte de Haendel. Esta hipótesis estaba respaldada por el análisis que en los años noventa del siglo XX se hizo del cabello de Beethoven proveniente de los mechones que, siguiendo la costumbre de entonces, cortaron algunas personas en el lecho de muerte del compositor para guardar un recuerdo. Este estudio encontró una cantidad de plomo cuarenta y dos veces superior a la normal. En esa época el plomo se encontraba por todas partes: en la vajilla, en los lápices, en la pintura de las casas y también en las cañerías, por lo que incluso el simple gesto de beber agua del grifo podía resultar peligroso.

Con la exhumación de sus restos en 2005 no solo se confirmó que Beethoven había tenido saturnismo, sino también hipoacusia bilateral profunda, necrosis papilar renal, cirrosis hepática, peritonitis y meningoencefalitis.

Mientras le quedaba algo de audición Beethoven fue utilizando diversos aparatos que le ayudasen, como una trompetilla que se ponía en la oreja. Más adelante, a medida su oído seguía empeorando, empezó a usar una tablilla de madera que sujetaba entre los dientes mientras tocaba, para de esta manera poder sentir las vibraciones de la música.

Gabriel Fauré fue otro célebre compositor con problemas auditivos. En su caso le sobrevinieron cuando tenía cerca de sesenta años y los mantuvo en secreto temiendo que repercutiera en su carrera profesional. Pero en 1920 ya no podía disimular su evidente deterioro y fue destituido de su puesto de director del Conservatorio de París, que ocupaba desde 1905. Tras su cese ni siquiera se le concedió el derecho a percibir pensión alguna.

De la taberna al Nuevo Mundo

El padre de Antonin Dvorak era propietario no de una cervecería en Bohemia, sino de un modesto negocio de venta de vinos en la ciudad de Nelahozeves. Al ser el mayor de los ocho hermanos Dvorak, Antonin parecía predestinado a heredar el negocio familiar pero, afortunadamente para el mundo de la música, su padre tocaba en la banda del pueblo e invitaba a otros músicos locales a amenizar su local con sus actuaciones. De hecho, las primeras composiciones de Dvorak consistían en marchas y danzas destinadas a los grupos que actuaban en la taberna de su padre, que poco a poco fue prosperando y llegó a abrir algún otro local en pueblos cercanos.

Dvorak podría haber seguido el camino de su padre como músico aficionado y limitarse a componer para los clientes habituales, pero en 1857 recibió la ayuda de su tío Josef Zdenek, que le proporcionó el dinero necesario para ir a estudiar a la Escuela de Organistas de Praga. También estudiará

SYMPHONY IX
"From the New World"

ANTONÍN DVORÁK, op. 95

Partitura de la *Sinfonía nº 9* o "Del Nuevo Mundo", donde Dvorak utiliza elementos del folklore americano y de los espirituales negros.

violín y formará parte de la Orquesta Nacional Checa, dirigida por Smetana.

Durante esos años emprende la composición de diversas obras, con la dificultad añadida de carecer de un piano a pesar de la ayuda económica de su tío. Muchas de estas obras serán posteriormente destruidas por el propio autor, que las consideraba muy por debajo de su nivel mínimo exigencia.

Aunque fuera una obra menor en el repertorio de Dvorak, su *Himno patriótico* para coro y orquesta, estrenado el 9 de marzo de 1873, fue todo un éxito favorecido por el naciente nacionalismo checo. Para esa época su música ya estaba impregnada de elementos del folklore, con el que le llegaría su popularidad internacional en 1878 gracias a sus *Danzas eslavas*.

Tras varios años de carrera en Europa, en los que llega a ser nombrado Doctor Honoris Causa por la Universidad de Cambridge, en 1892 es nombrado director del Conservatorio Nacional de Música de Nueva York, y allí compone su *Te Deum* para la celebración del cuarto centenario del descubrimiento de América.

En esta obra aún no utiliza elementos del folklore americano, pero sí lo hará en su celebérrima *Sinfonía nº 9 «Del Nuevo Mundo»* compuesta en 1893, en la que estas ideas, extraídas de los espirituales negros y de otros géneros de la música popular estadounidense se entremezclan con otras propias de la tradición de su país de nacimiento. También se aprecia esta influencia en su *Cuarteto Americano en fa mayor* y en su *Quinteto en mi bemol mayor*.

Al volver a su país en 1895 Dvorak fue nombrado director del Conservatorio de Praga y designado senador vitalicio por el gobierno del Imperio Austrohúngaro, del que dependía Bohemia.

En agosto de 1969 Neil Armstrong llevó consigo una grabación de la *Sinfonía del Nuevo Mundo* en su viaje a la luna en el Apolo XI. Nada más apropiado.

A. DVORAK.
SINFONÍA DEL NUEVO MUNDO

El coleccionista de canciones

Aunque algo posterior a los anteriores —nació en 1882—, el húngaro Zoltan Kodaly también era, como Dvorak y Smetana, hijo de un músico amateur. Su padre era un funcionario del ferrocarril aficionado al violín.

Kodaly Estudió en Galanta, ciudad a la que posteriormente dedicará su obra *Danzas de Galanta*, y desde la que extendería su labor de etnomusicólogo hacia el resto de Hungría, Transilvania y Rumanía con la ayuda de Bela Bartok. Durante sus investigaciones

En sus composiciones, Kodaly utilizó formas, armonías, ritmos y melodías de las canciones populares de su país, y las utilizó como base de su método de enseñanza musical.

llegó a recopilar más de cien mil canciones populares húngaras utilizando un fonógrafo cilíndrico de cera.

A pesar de ser el autor de varias composiciones instrumentales y vocales, Kodaly ha pasado a la historia como pedagogo y por ser el autor del método enseñanza musical que lleva su nombre. Este método está basado en el uso de la voz como instrumento principal y en el canto en grupo, en ocasiones acompañado por sencillos instrumentos de percusión. Su metodología pretende acercar al niño la teoría musical con ejemplos reales extraídos del repertorio popular de su entorno y en su lengua materna, puesto que considera que la música popular les resulta más cercana que la denominada culta, y que las formas y mentalidad de esta música son igual de sencillas que los razonamientos infantiles.

El método Kodaly fue incluido en 2016 en la lista de patrimonio cultural inmaterial de la Unesco por hacer accesible la música popular a todos los públicos a través del sistema educativo, y por estimular a las sociedades para que interpreten sus propias músicas velando por una coexistencia armoniosa entre la investigación, la educación, la composición y el respeto por las músicas tradicionales.

O Fortuna

Otro famoso sistema de enseñanza musical es el Método Orff, obra del compositor alemán Carl Orff, nacido pocos antes del cambio de siglo. Este método, diferencia del de Kodaly, está centrado principalmente en el uso pedagógico de los instrumentos de percusión.

Imagen de la película *Excalibur*, de John Boorman

El ritmo y la percusión son también una de las principales características de la obra más conocida de Orff, la cantata *Carmina Burana* —Cánticos de Bura, el nombre en latín del pueblo alemán de Benediktbeuern—, que se estrenó en 1937.

Carmina Burana está basada en una colección de cantos goliardos de los siglos XII y XIII. El término *goliardo* se refiere a los clérigos vagabundos que durante la Edad Media viajaban sin destino alojándose en los monasterios que encontraban a su paso y a los estudiantes pobres que se buscaban la vida por los mesones ofreciendo su música a cambio de un plato de sopa.

Los textos de los *Carmina* —esta palabra no es un nombre propio, sino el plural de la palabra latina *carmen*, que significa poema o canción— están escritos en latín medieval, alto alemán y algunos en francés antiguo. En ellos se elogian los placeres terrenales y de la naturaleza y se hace una sátira de los estamentos sociales y eclesiásticos.

El primero de los cantos, *O Fortuna*, es el más conocido de todos y forma parte de la banda sonora de la película de 1981 *Excalibur*, de John Boorman, sobre el mito del Rey Arturo y los Caballeros de la Mesa Redonda.

Carmina Burana forma parte del tríptico musical titulado *Trionfi*, junto con *Catulli Carmina* —Los cantos de Catulo— y *El triunfo de Afrodita*.

C. ORFF. CARMINA BURANA

Llega el siglo XX

El siglo XX es el de las vanguardias y la experimentación, pero en todo momento estuvo marcado por los conflictos políticos y bélicos que lo sacudieron casi sin interrupción: la Primera Guerra Mundial, la Revolución de Octubre, la Guerra Civil Española, la Segunda Guerra Mundial y la Guerra Fría.

Los momentos de conflicto afectan a cualquier persona, no importa cuál sea su profesión o posición social, y los músicos no son ajenos a esta circunstancia. Algunos compositores e intérpretes han pasado a la posteridad como fieles representantes de un determinado régimen y otros como contrarios al mismo, o incluso perseguidos por él. Muchos se vieron obligados a cambiar de profesión temporalmente para ayudar en el esfuerzo bélico, o tuvieron que centrar sus esfuerzos en proteger a su familia de la mejor forma que supieron hacerlo. Todos, al igual que el resto de sus conciudadanos, vieron perturbada su vida cotidiana por las circunstancias de la época que les tocó vivir. No pocos perecieron.

Los Mahler

Gustav Mahler provenía de una familia judía de habla alemana que apenas dos generaciones antes se dedicaba a la venta ambulante por los pueblos de Bohemia. El padre de Gustav, Berhnhard, montó una posada —otra vez la

Mahler, de familia judía, decidió convertirse al catolicismo para poder acceder al puesto de director de la ópera vienesa.

hostelería—, con lo que la familia fue progresando y ampliándose. Tuvieron un total de catorce hijos, de los que como era tristemente habitual solo sobrevivieron seis. Gustav era el segundo, y había nacido en 1860.

A lo largo de su carrera Mahler fue más conocido como director de orquesta que como compositor. Su especialidad eran las óperas de Mozart y de Wagner, y durante diez años fue el director de la *Wiener Staatsoper* —o *Hofoper*—. A lo largo de ese tiempo tuvo que hacer frente a los ataques de la prensa antisemita, a pesar de que se había convertido al catolicismo a los treinta y siete años, justo antes del cambio de siglo. Pero lo cierto es que no están demasiado claros los motivos de esta conversión, sobre todo teniendo en cuenta la falta de interés de Mahler por la religión, y no falta quien asegura que lo hizo precisamente para poder acceder a puestos como el de la Ópera, en la práctica reservados a los católicos.

Este antisemitismo latente en la sociedad, que tendría nefastas consecuencias unos años más adelante llevaría a Mahler a afirmar: «Soy tres veces extranjero: un bohemio entre austriacos, un austriaco entre alemanes y un judío ante el mundo». Tampoco ayudaba a su popularidad la forma brusca y dictatorial que tenía de dirigir, lo que propició no pocos encontronazos con los miembros de la orquesta. Finalmente, en 1907 abandonó Viena para dirigir en el Metropolitan Opera House de Nueva York. Parece que no dejó un buen recuerdo en la que había sido su orquesta, porque la nota de despedida que había colgado en el tablón de anuncios del teatro fue rota en mil pedazos.

La música de Mahler puede ser encuadrada dentro de un Romanticismo tardío o más bien considerarse postromántica, y aunque resulta fácil de escuchar para los oídos actuales causó no poco revuelo en su tiempo. Mahler utiliza en sus sinfonías, todas ellas de larga duración, una gran riqueza orquestal y variedad de instrumentos con un enorme número de músicos. También experimenta con un amplio desarrollo de las formas y emplea instrumentos poco habituales, armonías disonantes y elementos heterogéneos como marchas militares y melodías populares. Todo esto le valió el rechazo de parte de público, pero también el apoyo entusiasta de los miembros de la Segunda Escuela de Viena, Schönberg, Webern y Berg. De ellos hablaremos un poco más adelante.

Desde luego, no es nada benévola la valoración que el director Arturo Toscanini hace de la música de Mahler en una carta a uno de sus amigos, el violinista Enrico Polo: «Mahler no es un artista serio, su música no posee ni personalidad ni carácter. Es una mezcla de *italianitá* a lo Leoncavallo» —precisamente Toscanini fue el encargado de dirigir el estreno de *Pagliacci* en Milán— «y grandilocuencia musical e instrumental a lo Chaikovski, con una búsqueda de la rareza de Strauss, pero sin tener la originalidad de ninguno de esos compositores. Tropieza a cada paso no con el tópico, sino con la trivialidad, sin hablar de la extrema dificultad de ejecución ni de la duración excesiva de sus obras».

Sirva como ejemplo de la búsqueda de Mahler de los límites de la forma y de la orquesta su octava sinfonía, que a menudo se llama *Sinfonía de los mil*, aunque a Mahler no le gustaba demasiado este nombre. Es la última sinfonía que se estrenó en vida del compositor, en septiembre de 1910, y está orquestada para cuatro flautas, dos flautines, cuatro oboes, un corno inglés, tres clarinetes, dos requintos, un clarinete bajo, cuatro fagotes, un contrafagot, ocho trompas, cuatro trompetas, cuatro trombones, una tuba, otro grupo separado de metales formado por cuatro trompetas y tres trombones, además de la percusión, una amplia sección de cuerda que compense el volumen de la de viento, un órgano, un armonio, dos arpas, una celesta,

Mahler se definía a sí mismo como un compositor de verano, porque era la única época del año en que sus obligaciones como director de orquesta le permitían disponer de algo de tiempo libre para componer.

G. MAHLER. SINFONÍA Nº1

una o varias mandolinas, dos coros, un coro de niños y ocho cantantes solistas. Pero, aún así, Mahler debió pensar que este orgánico se quedaba un poco escaso y añadió en los ensayos finales un piano y un carillón, y la indicación de que si la sala donde se debía interpretar esta sinfonía era muy grande —¿cabría en una que no lo fuera?— se doblaran las primeras voces de la sección de madera y se añadiera aún más cuerda.

Aunque no es esta sinfonía la única obra que tiene una orquestación verdaderamente sobredimensionada. *Gurrelieder* —*Las canciones de Gurre*—, compuesta por Arnold Schoenberg entre 1901 y 1911, por ejemplo, precisa de ocho flautas, cinco oboes, siete clarinetes, tres fagotes, dos contrafagotes, diez trompas, seis trompetas, ocho trombones, una tuba, cuatro arpas, celesta y percusión, además de una gran sección de cuerda, un coro mixto, tres coros de hombres, cinco solistas vocales y un recitador. Sin reparar en gastos, vamos.

> **En cierta ocasión Mahler afirmó: «Mi música no será apreciada hasta cincuenta años después de mi muerte» y no le faltaba razón. Además, durante los años del nazismo su obra estuvo prohibida, como la de tantos otros, por ser *música degenerada*. En su caso lo era por un doble motivo: ser música moderna que se salía de los cánones establecidos y por la ascendencia judía de su autor.**

Gustav Mahler conoció a Alma Schlinder, estudiante de composición y concertista de piano, en 1901. Si hay un personaje que haya compartido la vida y la intimidad de algunos de los artistas más significativos de la primera mitad del siglo XX, esa es sin duda Alma.

Gustav era diecinueve años mayor que ella, pero se casaron apenas cuatro meses después de su primer encuentro, en marzo de 1902, con Alma ya embarazada de su primera hija. En los términos acordados para el enlace se estipulaba que ella debía abandonar sus inquietudes musicales para dedicarse por entero al matrimonio. De esta manera pasó de ser una incipiente compositora —de su obra solo se han conservado dieciséis *lieder*— a la revisora y copista de las obras de su marido.

La pérdida de una de sus hijas y los problemas de corazón que padecía llevaron a Gustav a la depresión. En un intento de paliarla conoció a Sigmund Freud en 1910 y se sometió a algunas sesiones de psicoanálisis. A raíz de ellas volvió a sentir interés por las composiciones de su esposa y le pidió que volviera a componer, cosa que no hizo. Mahler murió al año siguiente.

Pero Alma sobrevivió a Gustav más de cincuenta años, y aunque siempre conservó su apellido tuvo tiempo de casarse con el arquitecto

Walter Gropius —fundador de la *Bauhaus*— y posteriormente con el escritor judío Franz Werfel, y también de mantener varias relaciones sentimentales con artistas de la talla de los pintores Gustav Klimt —el autor de *El beso*— y Oskar Kokoschka —que realizó varios retratos de ella—. También había tenido un romance previo con Alexander von Zeminski, su profesor de composición, en 1900, antes de conocer a Mahler.

La relación que mantuvo Alma con Kokoschka entre 1912 y 1915 —mientras mantenía simultáneamente un idilio con Gropius— tuvo unos tintes algo siniestros y con un cierto punto patológico. La madre de Kokoschka no aprobaba la relación entre ambos y llegó a amenazar

Alma Mahler renunció a su carrera musical a instancias de Gustav, según estipulaba su contrato matrimonial, aunque esto no le impidió participar activamente en la vida cultural de la época.

a Alma de muerte. Para empeorar la situación, al poco tiempo Alma abortó el hijo que esperaban y Kokoschka, muy afectado por la situación, decidió alistarse en la caballería austríaca. Cuando volvió a casa Alma ya se había casado con Gropius.

Pero la historia no acaba ahí. En 1918 Kokoschka encargó a una fabricante de muñecas, Hermine Moos, una réplica a tamaño real de a Alma Mahler, con descripciones muy precisas acerca de las formas y de los materiales a utilizar. Por ejemplo, en una de las cartas se puede leer: «Ayer le envié un dibujo a tamaño natural de mi amada. Le pido copiarlo con mucho cuidado y convertirlo en realidad. Ponga especial atención a las dimensiones de la cabeza y el cuello, de la caja torácica y de las extremidades. Tómese en serio los contornos del cuerpo, como la línea del cuello a la espalda y la curva del vientre. [...] Para la primera capa interior utilice pelo de caballo fino y rizado. [...] Disponga sobre eso una capa de bolsas rellenas de plumón, y algodón para el trasero y los senos».

Pero a pesar del cuidado puesto por Hermine Moos, Kokoschka no quedó satisfecho con el resultado —espeluznante, por cierto— y se quejaba de no poder vestir a la muñeca con las ropas que hubiera deseado. No obstante, eso no le impidió tratarla como si fuera una persona real a la que retrató en varias ocasiones e incluso llevaba a la ópera y con la que paseaba en carruaje.

En 1919 Kokoschka finalmente decidió deshacerse de la muñeca durante una fiesta bañada en champán y licores. Cuando la mañana siguiente la policía preguntó sobre el presunto cadáver ensangrentado hallado en el jardín el pintor confesó que había decapitado a la muñeca y le había vaciado una botella de vino sobre la cabeza.

La relación de Alma con Walter Gropius comenzó en vida de Mahler, que descubrió la infidelidad al recibir una carta dirigida a Alma que Gropius le envió a él por error —Freud lo habría calificado de *acto fallido*—. A pesar de todo Mahler pidió a Alma que siguiera con él, y así fue hasta la muerte de Gustav en 1911. Alma y Gropius por fin se casaron en 1915, pero el matrimonio duró poco, hasta 1920.

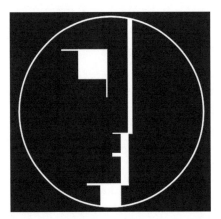

La Bauhaus era una escuela de diseño fundada por *Gropius* en Weimar en 1919 y clausurada por el régimen nazi en 1933, que consideraba su estilo como *judío-socialista*. En ella se sentaron las bases del diseño industrial aún hoy vigentes y que nos parecen tan actuales. La premisa era «la forma sigue a la función», y en sus diseños priman las líneas limpias y funcionales evitando cualquier exceso decorativo. La *Bauhaus* también desarrolla la idea de favorecer la fabricación en masa con su lema *Arte dentro de la industria*.

A Alma Mahler se le ha acusado de haber sido ambiciosa durante toda su vida y también demasiado selectiva en sus memorias, buscando siempre ofrecer una imagen favorecedora de sí misma. Pero también se le acusa de antisemitismo —en cierta ocasión y quizá pretendiendo hacer un cumplido no se le ocurrió mejor cosa que decir sobre el pintor Marc Chagall: «Es una auténtico judío, en el buen sentido del término»— y de simpatizar con la ideología nazi, aunque fuera una enemiga manifiesta del propio Hitler.

Aunque en su defensa hay que recordar que dos de sus maridos eran judíos, Mahler y Werfel. Con este último, con quien se casó en 1929, se vio obligada a exiliarse durante la Segunda Guerra Mundial huyendo de Viena a París, para después atravesar toda Francia hasta llegar a Lourdes. Allí consiguieron un salvoconducto para Marsella, donde consiguieron los visados para pasar a España. Tuvieron que hacerlo a pie por senderos de montaña hasta llegar a Portbou provistos únicamente de una mochila con lo más esencial. Alma, que llevaba en la suya las partituras de sinfonías de Mahler y la tercera sinfonía de Anton Bruckner junto con el dinero y sus joyas, recordaría acerca de este camino: «Cuando se nos iba un pie solo podíamos agarrarnos a algún cardo». Una vez pasada la frontera siguieron hasta Barcelona y después a Madrid en tren, donde tomaron el avión que les llevaría Lisboa. Finalmente embarcaron en el *Nea Ellas* rumbo a Nueva York. Una vez en Estados Unidos Werfel escribiría *La canción de Bernadette* en cumplimiento de la promesa que había hecho en Lourdes si llegaban sanos y salvos a América.

Alboroto en París

El 29 de mayo de 1913 ocurrió un verdadero escándalo en París: el estreno de *La consagración de la primavera* de Igor Stravinski en el recién construido Teatro de los Campos Elíseos —que a pesar de su nombre no se encuentra en la célebre avenida parisina sino en la Avenue Montaigne, muy cerca del Pont de l´Alma donde Lady Di tuvo su triste final en el verano de 1997—.

La obra, que lleva el subtítulo de *Imágenes de la Rusia pagana en dos partes*, es un ballet escrito para la compañía de Serguéi Diagilev con coreografía de Vaslav Nijinski, aunque en la actualidad se interpreta a menudo como obra de concierto. No era esta la primera colaboración entre Stravinski y Diaghilev, puesto que en 1910 ya habían puesto en escena *El pájaro de fuego* y *Petrushka*.

La consagración describe vívidamente una serie de rituales primitivos de celebración de la llegada de la primavera hasta el momento culminante en el que la tribu debe realizar un sacrificio para lograr el favor de los dioses. Este consiste en entregar a una joven virgen que debe bailar hasta morir. Pero no era solo la temática de la obra lo que causó escándalo, sino también la propia partitura llena sonoridades diferentes, ritmos y disonancias salvajes, con un predominio de la percusión y sin escatimar los brutales efectos que el tema requería. La coreografía de Nijinski contribuía al efecto con un lenguaje corporal extremadamente violento.

Coco Chanel, una gran figura de la moda del siglo XX con la que
Igor Stravinski mantuvo una fugaz relación.

Stravinski no era un Adonis, como lo demuestran sus fotografías, pero eso no le impidió casarse dos veces —con su prima Yekaterina Nosenko y posteriormenete con la bailarina Vera de Bosset— y, según los rumores, haber tenido algunos romances con otras mujeres, como con la mismísima Coco Chanel en 1920, precisamente en el momento en que esta estaba lanzando su famoso perfume Nº5. Pero también hay quien sospecha que tuvo relaciones con varios hombres, como el propio Diaghilev.

I. STRAVINSKI.
LA CONSAGRACIÓN
DE LA PRIMAVERA

En *La consagración* Stravinski explora la sonoridad de los instrumentos en toda su extensión y la de los instrumentos menos usuales de la orquesta, como la flauta en sol, el flautín, el corno inglés, el requinto, el clarinete bajo, el contrafagot, la tuba wagneriana o la trompeta baja. El solo inicial del fagot tocando en un inusual registro sobreagudo es toda una declaración de intenciones sobre lo que nos vamos a encontrar a lo largo de la obra.

Como respuesta a la sorpresa en esa *première* el público empezó a abuchear incluso antes de acabada la obra, y Stravinski y Nijinski tuvieron que huir por la puerta trasera al acabar la representación, que a pesar de todo consiguió llegar hasta el final. Hubo encarnizadas discusiones entre defensores y detractores de la obra y peleas a puñetazos e incluso se concertó más de un duelo que se llevaría a cabo al día siguiente. Desconocemos el resultado.

La obra no se volvió a representar hasta los años veinte, pero algo había cambiado para entonces en el público tras la Gran Guerra, porque esta vez fue todo un éxito e inmediatamente pasó a formar parte del gran repertorio del siglo XX.

Durante la Primera Guerra Mundial Stravinski se encontraba en Suiza, a resguardo de la guerra y de la Revolución de Octubre, pero son serios problemas económicos. En esa situación se vio obligado a componer para sobrevivir y escribió tras los grandes ballets anteriores una obra mucho más modesta, breve y fácil de programar y también de transportar —lógicamente, una forma más rápida de sacarle rendimiento—: *L'histoire du soldat*, La historia del soldado. *L'histoire* está escrita para violín, contrabajo, fagot, corneta, trombón, clarinete y percusión, además de tres actores.

Stravinski también era director de orquesta, lo que no impedía que fuera consciente de sus propias limitaciones. Llegó a simplificar la partitura de *La consagración de la primavera* porque, como él mismo dijo, «no podía dirigir la versión original, es demasiado difícil para mí».

Durante la Primera Guerra Mundial Stravinski compuso *La historia del soldado* en un intento de conseguir unos ingresos aceptables.

Con esta historia volvemos al viejo tema de los pactos con el diablo puesto que su protagonista, José, un soldado desertor, cede su violín al diablo —una evidente representación de su alma— a cambio de un libro con el que puede predecir el futuro. A pesar de hacer fortuna utilizando el libro se da cuenta de que no es feliz y se propone recuperar su violín apostándolo con el diablo en una partida de cartas, que pierde. Poco más tarde, y aprovechando un descuido del diablo, se lo roba, pero finalmente el demonio atrapa a José y se lo lleva al infierno.

Stravinski fue alumno de Rimski-Korsakov, y definió la música de su maestro como «agresiva como un dolor de muelas y agradable como la cocaína», lo que puede ser bueno o malo. Todos hemos experimentado lo primero, pero cabe preguntarse cómo conocía Stravinski las sensaciones provocadas por la segunda. Aunque parece ser que lo que verdaderamente le gustaba era el whisky, y que en alguna de sus giras por los Estados Unidos durante los años de la *Ley Seca* lo que llevaba en su termo no era precisamente café. En alguna ocasión bromeó diciendo que su verdadero nombre debería haber sido *Igor Strawhisky*.

Camiones hacia el frente

Al estallar la Primera Guerra Mundial Maurice Ravel deseaba ser aviador. Pensaba que su poco peso y su corta estatura le hacían idóneo para este menester, pero a pesar de todo fue rechazado. Tuvo que conformarse con servir a partir de 1916 como soldado de segunda conduciendo los camiones que llevaban pertrechos a las tropas encargadas de mantener el frente de Verdún, al norte de Francia. A los horrores del campo de batalla se unió en esa época el fallecimiento de su madre, el insomnio crónico que empezó a padecer y una peritonitis de la que tuvo que ser operado. Cuando regresó a París llegó con el pelo encanecido y los nervios destrozados hasta tal extremo que tuvo que ser ingresado en un hospital.

Sirva para hacerse una idea de los horrores de esta batalla saber que duró nada menos que diez meses, con posiciones estancadas en las trincheras y la única compañía de las ratas, la enfermedad y el barro, en los que murieron más de setecientos mil hombres de los dos bandos y otro medio millón resultaron heridos. Aún hoy, más de un siglo después, siguen quedando en la región más de ochocientas hectáreas inhabitables debido a la cantidad de explosivos lanzados entonces y que todavía permanecen sin detonar. Se calcula que durante aquellos meses se lanzaron veinticuatro millones de proyectiles, cincuenta por cada metro cuadrado, de los que quedan unos doce millones sin explotar. Fue tal el poder de destrucción de los explosivos utilizados que el nivel del suelo bajó en algunos puntos hasta cuatro metros.

Pero lo que más impresiona es el resultado estratégico de la batalla para ambos bandos: nulo. Ninguno de los dos consiguió aproximarse siquiera a sus objetivos militares.

Las nefastas consecuencias de la guerra quedaron reflejadas en varias de las obras de Ravel, como en *Le Tombeau de Couperin*. Un *Tombeau* —*tumba* en francés— es un tipo de composición típicamente barroca que se escribía en homenaje a una personalidad importante o a un ser querido fallecido, aunque en ocasiones también se le podía dedicar en vida. Con su obra, Ravel quería rendir homenaje al barroco francés —de ahí la mención a François Couperin en el título—, pero también a varias personas reales que habían perecido víctimas de la contienda.

Este *Tombeau* es una suite de seis piezas para piano, cada una de las cuales está dedicada a un amigo de Ravel caído en la Gran Guerra. El *Prélude* está dedicado al teniente Jacques Charlot, que

Couperin es, junto a Jean-Philippe Rameau, el más universal de los compositores del Barroco francés.

había transcrito la obra de Ravel *Ma Mère L´Oye* para piano solo —la pieza estaba escrita originalmente para piano a cuatro manos—, la *Fugue* a Jean Cruppi, la Forlane al teniente Gabriel Deluc —un pintor vasco de San Juan de Luz, localidad labortana hacia la que miran los balcones de la casa natal de Ravel en Ciboure, donde siempre veraneaba—, el *Rigaudon* a los hermanos Pierre y Pascal Gaudin —que murieron a la vez al ser alcanzados por el mismo obús—, el *Menuet* a Jean Dreyfus y la *Toccata* al capitán Joseph de Marliave, musicólogo. Este último era el esposo de Marquerite Long, que fue la pianista encargada del entreno de la obra en abril de 1919. Al año siguiente el propio Ravel haría una versión para orquesta de cuatro de las piezas.

Otra obra de Ravel que tuvo su origen en la tragedia de la guerra es su *Concierto para la mano izquierda*, que compuso para el pianista Paul Wittgenstein, que había perdido la derecha en combate. Wittgenstein era un consumado virtuoso del piano y estaba sumido en la depresión, pero no quería resignarse a abandonar su carrera y se dirigió a varios compositores para que le dedicaran una obra, con la condición de que requiriese únicamente la utilización de la mano izquierda. No solo recibió respuesta de Ravel, sino también de Richard Strauss, Paul Hindemith, Serguéi Prokofiev, Franz Schmidt y Benjamin Britten. Todos escribieron para él.

El *Concierto para la mano izquierda* de Ravel se estrenó en 1932 en París con Wittgenstein al piano y el propio Ravel dirigiendo la orquesta.

Aunque sin duda la obra más conocida de Maurice Ravel es su celebérrimo *Bolero*, en el que dos únicos temas se van repitiendo en un crescendo continuo añadiendo instrumentos, algunos de ellos poco habituales, hasta el estruendoso final. Fue estrenado en la Ópera de París en 1928 y es una

M. RAVEL. BOLERO

de las obras más interpretadas de la historia. El encargo vino de Ida Rubinstein, una bailarina rusa hija de una rica familia judía que quería un ballet de temática española. Ravel se tomó la pieza como un estudio de orquestación con el que experimentar y la terminó en unos pocos días. Lo curioso es que el título original no era Bolero, sino Fandango, pero dándose cuenta de que este es un baile demasiado rápido para el carácter que quería en la obra en seguida lo corrigió.

Ravel siempre tuvo una relación muy intensa con su madre, Marie Delouart, que rozaba la obsesión. Marie era de origen vasco —el apellido original podría haber sido Deluarte o Eluarte—, y le cantaba en su infancia canciones populares de su tierra que pudieron influir en su obra posterior. Pero esta fijación por su madre tuvo efectos negativos, puesto que provocó en Ravel una especie de asexualidad que le causaba una gran dificultad para intimar tanto con hombres como con mujeres. Sus verdaderos sentimientos afectivos siguen siento un misterio.

El violonchelo de las trincheras

Maurice Maréchal era uno de los grandes violonchelistas franceses de principios del siglo XX. Apenas había comenzado su carrera de concertista cuando a los veintidós años fue enviado al frente, donde prestó servicio como camillero. Durante toda la guerra llevó un diario donde describía la vida en las trincheras desde agosto de 1914 hasta febrero de 1919, y en él narra cómo en 1915 dos compañeros de trinchera que era carpinteros en la vida civil le fabricaron un rudimentario violonchelo con las tablas sacadas de una caja de munición alemana y algunos trozos de madera de roble. Para las cerdas del arco utilizaron pelo de las colas de los caballos que tiraban de los carros y como resina, la que se utilizaba para los cañones.

Maréchal bautizó este instrumento como *Le Poilu*. Esta palabra —que se puede traducir como *El peludo*— se utilizaba para referirse a los soldados franceses de infantería de la Primera Guerra Mundial, que en su mayor parte provenían del mundo rural, en el que abundaban las barbas y los bigotes.

Al parecer hubo dos versiones de este instrumento, una inicial algo tosca y otra posterior que llevaba ciertas mejoras, puesto que para entonces Maréchal ya disponía de unos planos con los que orientar el trabajo de los carpinteros. Con este rudimentario violonchelo Maréchal tocaba en los oficios religiosos y en improvisados conciertos para los oficiales.

Tras la guerra Maréchal pudo continuar con su carrera de concertista, y cuando llegó la Segunda Guerra Mundial se negó a tocar en Alemania o en la Francia ocupada. Incluso se implicó de forma activa en la Resistencia contra los alemanes. Pero los dos artífices de *Le Poilu*, los carpinetros Albert Plicque y Antoine Neyen, habían muerto muchos años antes en las trincheras de Verdún a los pocos meses de construirlo.

Le Poilu aún se conserva en el museo de la Cité de la Musique de París. En él se pueden ver grabadas las firmas de algunos de los generales que asistieron a los recitales de Maréchal, como Foch, Joffre, Mangin, Gouraud y Pétain.

Un éxito maldito

Enrique Granados empezó su carrera profesional como pianista en el *Café de las Delicias de Barcelona*, donde amenizaba el ambiente durante cinco horas al día tocando fantasías y rapsodias. Más adelante se trasladó al *Café Filipino*, pero ya con la firme intención de ahorrar algo de dinero con el que irse a París a estudiar.

Al llegar a la capital francesa tuvo mala suerte: contrajo el tifus, y para cuando se recuperó ya había sobrepasado la edad máxima de ingreso en el *Conservatoire*, por lo que tuvo que encontrar un profesor privado, como había hecho Verdi el siglo anterior.

En el caso de Granados fue Charles Wilfrid de Bériot, uno de los profesores del conservatorio con quien

Granados y su esposa murieron ahogados tras ser torpedeado por un submarino alemán el buque en el que viajaban.

pudo perfeccionar y desarrollar plenamente su talento como improvisador, que antaño había practicado en los cafés de Barcelona. Esta estancia en París le decidió a convertirse en compositor.

La obra más célebre de Granados es *Goyescas*, una suite de piezas para piano inspirada en la obra del pintor de Fuendetodos, aunque ninguna de ellas esté directamente relacionada o pretenda describir un cuadro en concreto. La obra se estrenó en el Palau de la Música Catalana en 1911, y en la Sala Pleyel de París en 1914. Fue tal su éxito que a Granados le fue concedida la legión de Honor y la Ópera de París le encargó la composición de una ópera.

El compositor decidió adaptar para la escena el material de la obra pianística y encargó el libreto al escritor Fernando Periquet, con un texto que debía adaptarse a la música ya escrita. El estreno de la versión escénica de *Goyescas* debía haber tenido lugar en París, pero lo

El estreno de *Goyescas* tuvo un añadido de última hora: poco antes del día señalado, el empresario del teatro le sugirió a Granados que compusiera un interludio para la obra. El compositor no quedó especialmente satisfecho y le dijo a Pau Casals, que había dirigido los primeros ensayos de la ópera: «He hecho una cosa vulgar, de cara al público. ¡Me ha salido una jota!». A lo que el gran violonchelista respondió: «Perfecto. ¿No era Goya aragonés?"

impidió el estallido de la Primera Guerra Mundial y finalmente la *première* tuvo lugar en 1916 en el Metropolitan Opera House de Nueva York.

Goyescas resultó ser un éxito tal que tras el estreno Granados fue invitado a la Casa Blanca por el presidente Wilson, pero con esta invitación se gestó la tragedia. Para poder asistir al compromiso Granados y su esposa tuvieron que posponer su viaje directo de regreso a España en el buque *Antonio López* y tuvieron que tomar otro barco unos días más tarde. Este barco era el *SS Rotterdam*, de bandera holandesa, que les llevaría hasta Inglaterra, y después viajarían de Inglaterra a Francia en el *SS Sussex*, de bandera de este país, para tomar finalmente un tren hasta Barcelona.

Durante la travesía el *SS Sussex* fue torpedeado en aguas del Canal de la Mancha por el submarino alemán UB-29, que al parecer lo confundió con un buque de guerra, y quedó partido en dos. En un primer momento Granados pudo ser rescatado por un bote salvavidas, pero viendo que su mujer se estaba ahogando saltó de nuevo al agua para intentar rescatarla. Amparo era buena nadadora, pero no así Granados. Ambos perecieron.

Con el impacto del torpedo la proa del barco se hundió inmediatamente, pero la popa, en la que se encontraba el camarote de los Granados, pudo ser remolcada a puerto. Allí se encontraron intactos su equipaje y sus objetos personales pero, por desgracia, en el momento del ataque —las tres menos diez de la tarde— el matrimonio se encontraba en otra parte del barco.

Fue tal la conmoción causada por estos acontecimientos que se organizó una suscripción internacional para ayudar a los seis hijos que dejaba el matrimonio. Solo en el concierto organizado por Pau Casals, que se celebró en el mismo teatro de Nueva York donde el compositor había triunfado poco antes con su ópera, se recaudaron diez mil dólares.

En el *Sussex* perecieron cuarenta y ocho personas. Aunque en un principio el gobierno alemán alegó que el buque había chocado con una mina, al poco tiempo se encontraron en uno de los botes salvavidas restos del torpedo que había im-

A Granados nunca le gustaron los viajes por mar —tengamos en cuenta que la travesía desde Nueva York podía llevar entre diez y quince días—, y la situación bélica en Europa no parecía la idónea para tranquilizarle. Se dice que antes de embarcar bromeaba diciendo: «En este viaje dejaré los huesos». Premonitorio.

E. GRANADOS.
INTERMEDIO
DE GOYESCAS

pactado con él y tuvo que reconocer que había sido un ataque, aunque fuera por error. Finalmente Alemania indemnizó a los huérfanos del naufragio.

Las hermanas Boulanger

No hay muchos profesores que puedan presumir de haber tenido alumnos como Daniel Baremboim, Aaron Copland, Jean Françaix, John Eliot Gardiner, George Gershwin, Philip Glass, Quincy Jones, Yehudi Menuhin, Astor Piazzolla, Burt Bacharach, Jacques Ibert, Narciso Yepes o Leonard Bernstein y muchos otros nombres conocidos entre sus más de mil doscientos discípulos. Esa persona es Nadia Boulanger, profesora del Conservatorio de París y quizá la mejor pedagoga musical que ha existido.

Nadia y su hermana Marie-Juliette, más conocida como Lili, eran hijas de Raissa Myschchetskaya, que afirmaba ser hija de un cierto príncipe Ivan Myshchetsky del que no se tiene constancia —aunque hay quien afirma que en realidad era hija ilegítima de un miembro de la familia imperial rusa y que a su madre se le se otorgó un título nobiliario para encubrir el asunto—. El padre era Ernest Boulanger, compositor y profesor de canto del Conservatorio de París cuarenta años mayor que Raissa, y que tenía nada menos que setenta y dos años cuando nació Nadia y setenta y ocho cuando llegó Lili.

Las dos hermanas recibieron una primera formación musical de la mano de Gabriel Fauré, amigo de la familia, y muy pronto fueron evidentes, además del dominio que tenían de sus instrumentos, sus dotes para la composición. Esto les animó a presentarse al prestigioso Premio de Roma en esta especialidad.

El Premio de Roma era una beca que se otorgaba en Francia desde 1663, en tiempos del Rey Sol, y que garantizaba una estancia de estudio en la capital de Italia en el palacio Mancini, sede que más adelante Napoleón ordenaría trasladar a la Villa Medici. El Premio de Roma existió como tal hasta 1968 y se recuperó con un nuevo formato en 2014.

La prueba de composición del Premio consistía en escribir una fuga —pieza en la que se superponen varias líneas melódicas—, componer una obra para coro sobre un texto dado y, como prueba final, una cantata. Nadia, que era pianista y organista ganó en 1908, con veintiún años, el Segundo Premio —Camille Saint-Saëns, que había sido el encargado del proporcionar el tema para esta prueba, no aprobó su fuga— y su hermana Lili, violinista, violonchelista, arpista, pianista y organista, ganaría el Primer Premio en 1913, siendo la primera mujer en conseguirlo. Con sus respectivos premios los nombres de Nadia y Lili se unieron al de su padre, premiado

Nadia Boulanger fue profesora del Conservatorio de París, la institución musical francesa por excelencia, y maestra de decenas de compositores del siglo XX.

Maurice Ravel se tuvo que conformar con un Segundo Premio en 1901 y aunque volvió a presentarse en los años siguientes no obtuvo ninguna recompensa. En su cuarta tentativa infructuosa se produjo tal escándalo que provocó la destitución del director del Conservatorio de París, Dubois, al que sustituyó Gabriel Fauré.

Durante la Primera Guerra Mundial Lili y Nadia Boulanger fundaron el _Comité franco-américain du Conservatoire national de musique et de déclamation_ para ayudar a los antiguos alumnos del conservatorio movilizados o prisioneros.

En abril de 1956 Nadia Boulanger se encargó de seleccionar y dirigir la música de la boda en Mónaco entre el príncipe Rainiero y Grace Kelly.

en 1835 a los diecinueve años, y a los de otros ilustres compositores como Charles Gounod, Hector Berlioz, Georges Bizet, Jules Massenet, Claude Debussy, Paul Dukas, Jacques Ibert, Henri Tomasi, Eugène Bozza y Henri Dutilleux.

Lili Boulanger parecía destinada a ser una gran compositora, pero padecía de mala salud desde que a los dos años una neumonía dejó debilitado su sistema inmunitario y fallecería de tuberculosis cinco años después de recibir el Premio de Roma, a los veinticuatro. Nadia, que se encargaría de dar a conocer la obra de su hermana durante el resto de su vida, llegaría hasta los noventa y dos pero puntualmente cada 15 de marzo, durante sesenta años, organizó un funeral en honor de Lili.

La muerte prematura de su hermana unida a un tremendo grado de autoexigencia —afirmaba: «del mismo modo que creo en Dios, creo en la belleza, en la emoción y en la obra maestra»— condicionaron la carrera de Nadia. Aunque compuso varias obras, pensaba que nunca llegaría a ser una compositora genial, y aunque nunca destruyó sus partituras afirmaba que jamás volvió a mirarlas. Nadia Boulanger decidió que su camino era otro: la enseñanza.

Había empezado a dar clase cuando solo tenía dieciséis años en lo que ahora es el número uno de la plaza Lili Boulanger de París, y anteriormente el número treinta y seis de la rue Ballu —en atención al significado de su apellido al lugar se le llamaba, no sin un punto de ironía *La panadería*—. Años más tarde Nadia Boulanger sería profesora del Conservatorio de París y también su directora, pero siempre mantuvo sus clases de los miércoles en el treinta y seis de la rue Ballu.

Nadia Boulanger nunca se casó —hasta su muerte se le llamó respetuosamente *Mademoiselle*—, era una ferviente católica y siempre vestía con sobriedad. Quizá lo que mejor defina la forma de enseñar de Nadia Boulanger sea que partiendo de una rigurosa base teórica centrada en el análisis académico ayudaba a cada uno de sus alumnos a encontrar su lenguaje propio, aunque en un principio dudaran de cuál sería este, por eso podemos encontrar entre sus alumnos personalidades y estilos tan diferentes.

Una muestra de lo variados que eran los alumnos de Nadia Boulanger es que uno de ellos fuera Quincy Jones, trompetista, pianista, compositor y productor musical. Produjo nada menos que el álbum *Thriller* de Michael Jackson, el más vendido de la historia.

La fuente de las ranas

Manuel de Falla es, junto con Issac Albéniz y Francisco Granados, uno de los mejores exponentes del nacionalismo musical en España. Pero sus teorías culturales sobre lo que él piensa que es España se prestaban a ser malinterpretadas —o abiertamente manipuladas— por militares y políticos con ansias de medrar, lo que le llevó a un exilio autoimpuesto del que no regresaría, primero en Francia, donde conocerá a Debussy y Ravel, y a partir de 1939 en Argentina.

Como católico practicante que era protestó contra el saqueo y la quema de conventos, lo que hizo que posteriormente el régimen franquista diera por hecha su adhesión y le propusiera ocupar la Dirección de Cultura del régimen, que rechazo. En sus propias palabras: «No contribuiré con mi palabra o con mi pluma a que se vierta una gota más de sangre española». De esta forma se convirtió en una persona mal vista por los bandos de la contienda.

M. DE FALLA. EL AMOR BRUJO

Manuel de Falla era hipocondríaco y tenía varias manías, lo que hace pensar que padecía TOC, o trastorno obsesivo-compulsivo. Los ruidos le molestaban exageradamente cuando estaba componiendo, y llegó a hacer secar la Fuente del Carmen de Granada, cerca de donde vivía, para no oír el ruido del agua y de las ranas. También tenía un exagerado cuidado con la limpieza y sentía auténtica aversión por los microbios y por cualquier tipo de suciedad, real o imaginaria. Se lavaba las manos con mucha frecuencia y se cuenta que antes de un concierto necesitaba desinfectar con alcohol todas y cada una de las teclas del piano con el que tenía que tocar.

El amor brujo. Gitanería en un acto y dos cuadros fue el fruto un encargo que hizo a Manuel de Falla la bailaora Pastora Imperio, que le pidió que escribiera un ballet sobre una antigua leyenda andaluza que le había contado su madre, Rosario la Mejorana. En ella se cuenta la historia de amor entre Candela y Carmelo, perseguidos por los celos del espíritu del antiguo amante de ella, ya fallecido.

La obra se estrenó en el teatro Lara de Madrid en 1915 con Pastora Imperio en el papel principal y con un reducido número de instrumentos, aunque Falla continuó revisando la obra durante los años siguientes y en 1926 se presentó en su versión definitiva para orquesta sinfónica con el añadido de algunos números.

Existe una cierta controversia acerca de la verdadera autoría del libreto de *El amor brujo*. Si bien está firmado por Gregorio Martínez Sierra, parece más probable que fuera obra de su mujer, María de la O Lejárraga, o al menos una colaboración entre ambos. María de la O era, además de escritora, una activa militante socialista y fundadora de varias asociaciones feministas. Fue diputada por Granada durante la República, pero tras la Guerra Civil se vio obligada a marchar al exilio. Murió en Argentina a los noventa y nueve años, solo unos meses antes de ver el final de la dictadura franquista.

¡Alto a la Guardia Civil!

Aunque no se desarrolle en tiempos de guerra, merece la pena contarse una anécdota relacionada con personajes de uniforme que se atribuye al compositor francés Camille Saint-Saëns y que al parecer sucedió en uno de sus habituales viajes a Canarias. Solía frecuentar las islas a finales del siglo XIX y principios del XX escapando de los fríos inviernos de París. Viajaba normalmente con una identidad falsa y se alojaba en modestos hoteles para pasar desapercibido y así poder gozar de la tranquilidad del lugar. En uno de esos viajes lo hizo con el nombre de Charles Sannois, comisionista de comercio.

Una tarde decidió salir a pasear después de haber estado trabajando durante largas horas en la humilde habitación donde se hospedaba, con tan mala suerte de que durante su ausencia entró la señora de la limpieza y se encontró con un montón de partituras esparcidas sobre la mesa. La pobre mujer, al ver esa cantidad de hojas llenas de extrañas anotaciones y de signos incomprensibles para ella dedujo que se trataba de documentos en clave y que el hombre que allí se alojaba no podía ser menos que un espía al servicio de oscuros intereses extranjeros.

Cumpliendo con lo que creía era su deber dio aviso a la Guardia Civil, que inmediatamente se personó en el hotel para identificar y hacerse cargo de tan sospechoso individuo. Afortunadamente, cuando volvió a su habitación Saint-Saëns pudo aclarar quién era en realidad y retomar la tranquilidad de su retiro.

No parece que Saint-Saëns tuviera reparos a la hora de expresar su opinión cuando se la pedían. En cierta ocasión un joven aspirante a compositor le mostró una pieza que acababa de terminar y le preguntó cómo la titularía. Al darse cuenta Saint-Saëns de que no era más que una burda imitación de su obra *El cisne* le respondió: «La oca».

Los músicos bajo el Tercer Reich

En 1933, con el acceso al poder del Partido Nacionalsocialista de Hitler, muchos intelectuales y artistas abandonaron Alemania. Richard Strauss, en cambio, no solo no se exilió, sino que continuó con su trabajo como director y compositor y además aceptó el cargo de presidente de la *Reichmusikkammer* —Cámara de Música del Reich—, siendo su vicepresidente Wilhem Furtwängler. Aunque ninguno de los dos era miembro del partido nazi esta decisión marcaría sus carreras para siempre.

Esta cámara era una de las siete que formaban la Cámara de Cultura del Reich, fundada por el ministro de propaganda Goebbels, que con el nombramiento de estas grandes personalidades pretendía dotar de un aura de respetabilidad a la organización. Al aceptar el cargo, Strauss creía que podría rendir un servicio a la música alemana, dada la buena predisposición que el régimen mostraba para proteger la música y el teatro, y no al régimen mismo. Quizá pensara, como muchos alemanes bienintencionados, que Hitler sería un mal pasajero que devolvería el orden a Alemania tras los turbulentos años de la República de Weimar, y que después el país volvería a la normalidad.

Resulta evidente que Strauss pecó de inocencia. Pensaba que podría manipular a los nazis, confiando en que no estarían mucho tiempo el poder, pero sin duda desconocía lo que Goebbels había escrito en su diario: «Desgraciadamente todavía le necesitamos, pero pronto tendremos nuestra propia música, y ese día podremos prescindir de este neurótico decadente».

La imagen de Strauss como colaborador del régimen no hizo sino reforzarse al dirigir la orquesta de la *Gewaldhaus* de Leipzig sustituyendo a Bruno Walter, que había sido vetado por ser judío —su nombre original era Bruno Schlesinger—, y *Parsifal* en Bayreuth en lugar de Arturo Toscanini —que había jurado no volver a dirigir en Alemania mientras los nazis estuvieran en el poder—.

Aunque Strauss afirmara que lo hizo por el bien de la orquesta en un caso y por el del Festival en el otro, era consciente de que tendría que pagar un precio por no haberse mantenido desde el principio al margen del movimiento nacionalsocialista. En su defensa solía decir que habría aceptado el cargo de cualquier gobierno, pero que ni el Imperio de los Hohenzollern ni la República de Weimar se habían acordado de él.

Pero probablemente lo que más influyó en la actitud de Strauss durante el Tercer Reich fue que la mujer de su hijo Franz y sus dos nietos fueran judíos, y que se sintiera en la obligación de encontrar la manera de protegerlos. No en vano, su nuera Alice perdió durante la guerra a veintiséis familiares en los campos de concentración.

Es célebre la carta de Strauss al escritor judío Stefan Zweig, con quien había colaborado anteriormente, lo que le causó no pocos problemas con el régimen, en la que le decía a propósito de sus ideas: «¿Cree usted que alguna vez me he dejado guiar en cualquier acción por la idea de que soy alemán? ¿Cree que Mozart componía en ario? Para mí no hay más que dos categorías de seres humanos: los que tienen talento y los que no lo tienen, y para mí el pueblo no existe más que cuando se convierte en público. Puede ser chino, bávaro, neozelandés o berlinés, me es indiferente si ha pagado su entrada en la taquilla».

Una vez terminada la contienda, en 1947, Strauss pasó por un proceso de desnazificación, en el que fue exculpado. En el juicio testificaron en su favor perseguidos políticos a los que ayudó, y también se detallaron comportamientos suyos contrarios a la ideología nazi. De esta forma quedaron definitivamente superados sus iniciales gestos de acatamiento hacia un régimen en el que creyó en un principio —como muchos otros— pero que llegó a conocer y repudiar más profundamente que la mayoría.

Por esa época un periodista preguntó a Strauss cuáles eras sus planes para el futuro. Su respuesta fue breve: «Morirme». Lo haría en 1949.

Un simple malentendido

En 1902 una tal Mieze Mücke había conocido en el bar del hotel Bristol de Berlín a un director de orquesta checo llamado Josef Stransky, de paso por la ciudad. Al cabo de unos días quiso enviarle una nota pidiéndole las entradas para la ópera que le había prometido, pero había olvidado su nombre. Al buscarlo en el listín telefónico confundió Stransky con Strauss, y es a éste a quien envió la carta, con la mala fortuna de que fue su mujer Pauline quien la abrió. No era una carta de amor propiamente dicha, pero al momento Pauline envió un telegrama a Richard, que se encontraba de viaje por Inglaterra, pidiendo el divorcio.

Al final se aclaró el malentendido y la pareja continuó con su vida, pero este episodio tuvo su continuación veinticinco años más tarde, cuando

Pauline acudió al estreno de la ópera de su marido *Intermezzo* sin saber nada del argumento de la obra. No le hizo ninguna gracia descubrir representada en ella esta anécdota familiar, aunque fuera con los nombres más o menos disimulados.

Y es que Strauss podía tener sus defectos, pero la modestia no era uno de ellos. Era aficionado a utilizar temas autobiográficos en sus obras, como en el poema sinfónico *Ein Heldenleben, Una vida de héroe* —lo dicho, todo humildad—. La obra estaba claramente inspirada en sí mismo aunque él nunca lo confirmara de forma explícita, pero tampoco era necesario porque en *Ein Heldenleben* Strauss utiliza, como hacía Wagner años antes, el *leitmotiv* asociando un tema musical a cada uno de los personajes con alusiones bastante directas. El tema de héroe —o sea, Strauss— abarca tres octavas y media, mostrando sus grandes y variadas virtudes; uno de sus enemigos, crítico musical, está representado por las tubas tocando en quintas paralelas —el lector no iniciado debe saber que es un error a evitar a toda costa si se quiere aprobar la asignatura de armonía— y para describir las buenas obras y las hazañas del héroe Strauss utiliza citas de otras composiciones suyas como *Don Juan, Muerte y transfiguración* o *Así habló Zaratustra*.

La impresionante música de *Así habló Zaratustra* acompaña el inicio de la película de Stanley Kubrick *2001: Una odisea del espacio*.

El amanecer de la Humanidad

Probablemente la obra más conocida de Richard Strauss sea la introducción de su poema sinfónico *Así habló Zaratustra*, que aparece al principio de la película de Stanley Kubrick *2001: Una odisea del espacio*. En esta el unísono de las trompetas surge por encima de la nota tenida del contrafagot y de los contrabajos representando la salida del sol mediante un curioso efecto que crea combinando los modos mayor y menor. En la película simboliza el nacimiento de la inteligencia y la toma de conciencia de su poder, concentrado en el homínido protagonista que,

R. Strauss.
Así habló
Zaratustra

como un remedo de Caín, mata a su adversario golpeándole con un hueso.

Kubrik era conocido por su cuidado por los detalles. En *2001*, por ejemplo, a diferencia de otras películas de tema espacial, en las escenas que se desarrollan fuera de la nave no hay sonido ambiente, ni explosiones ni ruido de motores, puesto que, como es lógico, en el vacío del espacio el sonido no se puede propagar. La acción de la película está acompañada únicamente por piezas de música clásica de autores como Richard y Johann Strauss y György Ligeti.

Pero este cuidado de Kubrik a menudo se convertía en obsesión. Según el *Libro Guiness de los Records*, una secuencia de la película *El Resplandor* ostenta el récord de ser de la escena de la que se hicieron más tomas, ciento veintisiete. En esta película, basada en una novela de Stephen King, Kubrik también recurre a la música clásica para su banda sonora, con obras de György Ligeti, Bela Bartok y Krzystof Penderecki. Es especialmente impresionante la adaptación del «Dies irae» de la *Sinfonía Fantástica* de Berlioz que acompaña el inquietante viaje en coche de los protagonistas hasta llegar al hotel donde se desarrolla la acción.

Dos directores y una orquesta

El artista que más discos ha vendido en la historia de la música clásica es Herbert von Karajan. Karajan fue el director titular de la Orquesta Filarmónica de Berlín durante treinta y cuatro años, tras la muerte de Wilhem Furtwängler en 1954.

Furtwängler había dirigido la orquesta desde 1922, no sin varios incidentes durante este período, sobre todo durante el Tercer Reich. Con la llegada al poder de Hitler en 1933 la orquesta se convirtió en uno de los mayores representantes de la música alemana y también un importante instrumento de difusión de los ideales del Partido, lo que llevó a algunos de sus músicos a afiliarse y a otros, de origen judío, a dejar su puesto y en muchos casos a emigrar. No obstante, al año siguiente Furtwängler decidió dirigir *Matías el pintor* de Hindemith, un autor censurado dentro de lo que el régimen consideraba música degenerada, lo que desencadenó un gran escándalo que obligó al director a cesar en su cargo. Durante los años siguientes solo pudo dirigir la orquesta en algunas ocasiones, y siempre en calidad de director invitado.

Hijo de un prestigioso médico, Herbert von Karajan estudió
música y dirección de orquesta en su ciudad natal de Salzburgo,
y a pesar de su genialidad sigue siendo un personaje controver-
tido en algunos aspectos.

La relación de Furtwängler con el Partido siempre ha sido objeto de
controversia, sobre todo por haber permanecido en Alemania mientras
otros tuvieron que exiliarse, lo que de forma implícita suponía una legiti-
mación moral del régimen. Pero Furtwängler nunca se afilió a pesar de las
constantes presiones que recibía, algo que sí haría Karajan. Tampoco hacía
el saludo nazi ni atendía la orden de interpretar el himno del Partido en
todos los conciertos, una negativa similar a la de Artuto Toscanini en Italia
con respecto al himno fascista *Giovinezza*.

El himno del Partido que Furtwängler evitaba dirigir era *Horst Wessel
lied* —la *Canción de Horst Wessel*—.
Horst Wessel era un joven comandante de las SA —los *camisas pardas* que
serían aniquilados por las SS en 1934
en *la noche de los cuchillos largos*— que
había puesto una letra netamente
nacionalsocialista a una canción muy
popular en la Marina Imperial durante la Primera Guerra Mundial.

Wessel murió en 1930 de un disparo
a manos de un miembro del Partido
Comunista de Alemania, pero a pesar
de que no se trataba más que de una
turbia cuestión de celos —su asesino
era el antiguo amante y proxeneta de
su novia, que había sido prostituta—
el filtro de la propaganda de Goebbels le convirtió en un mártir de la
causa y protagonista de su propio
himno.

Al ser Furtwängler una personalidad muy reconocida en el ámbito cultural en general fue, como Richard Strauss, relativamente bien tratado por los nazis, a pesar de las presiones de la Gestapo. Pero hacia el final de la guerra fue perdiendo su favor, e incluso se le llegó a considerar sospechoso de haber estado involucrado en la *Operación Valkiria*, el complot que en julio de 1944 intentó matar a Hitler. Finalmente, para evitar males mayores Furtwängler huyó a Suiza por consejo de Albert Speer, el arquitecto favorito del régimen y amigo de Hitler.

Furtwängler recuperó su puesto en la orquesta en 1947 después de superar el proceso de desnazificación al que fue sometido, como Richard Strauss y muchos otros de comportamiento dudoso durante el Tercer Reich, por haberse quedado en Alemania y haber dirigido la orquesta en actos del Partido.

Al acabar la guerra fue nombrado director titular de la orquesta Leo Borchard, pero murió el veintitrés de agosto de 1945 por el disparo accidental de un soldado americano, como también le sucedería a Anton Webern.

En septiembre de ese mismo año dirigió la orquesta teniendo como solista al violinista judío Yehudi Menuhin, que le había apoyado durante el proceso. También le ayudaron Bruno Walter, Sergiu Celibidache, Arnold Schoenberg y Paul Hindemith, pero no lo hicieron otros como Arturo Toscanini, Vladimir Horowitz, Isaac Stern o Arthur Rubinstein

Herbert von Karajan se afilió al Partido en abril de 1933 en Salzburgo, su ciudad natal, apenas dos meses antes de que fuera prohibido en Austria y cinco años antes de la anexión de esta por parte de Alemania, que se conoce como el *Anschluss*. Antes, en su época de estudiante, había pertenecido a asociaciones de carácter ultraderechista y no ocultaba su antisemitismo, aunque nada de esto le impidió casarse en 1940 con la hija de un rico industrial textil, Anita Gütermann. El abuelo de Anita era judío, pero cuando se hizo necesario el mismísimo Goebbels intervino para que no se investigaran los orígenes de la esposa de Karajan.

La afiliación de Karajan dio un fuerte impulso a su carrera pero no le libró de algún encontronazo con Hitler, en este caso puramente musical. Resulta que en junio de 1939 estaba dirigiendo de memoria *Los maestros cantores de Nuremberg* de Wagner en un concierto que el Führer organizó en honor de los reyes de Yugoslavia, con tan mala fortuna que en determinado pasaje se perdió y la representación se llegó a parar —la peor pesadilla de un músico—. Hitler, que se lo tomó como un insulto personal, montó

en cólera y dijo a su amiga Winifred Wagner: «Herr von Karajan
no dirigirá en Bayreuth mientras
yo viva». Desde luego, no eran ni el
lugar ni el público adecuados para
cometer errores.

Karajan, a diferencia de Furtwängler, no tenía inconveniente en
comenzar sus conciertos con *Horst
Wessel lied*, pero ante la comisión
de desnazificación que se encargó
de su caso en 1945 afirmó que se
había afiliado al NSDAP no por sus
convicciones políticas, sino por el
simple interés profesional de salva-
guardar su carrera en un momento
en que el panorama cultural alemán
estaba dominado por completo por
el Partido. Aunque no es menos
cierto que ayudó a limpiar su nombre el haberse casado con una mujer de ascendencia judía.

El concierto de Año Nuevo

El entrañable concierto con el que
muchos damos la bienvenida al
nuevo año en compañía de la Orquesta Filarmónica de Viena tuvo
unos inicios bastante turbios. Se
celebró por primera vez el treinta y
uno de diciembre de 1931 —hasta
1941 no pasó a celebrarse el día de
Año Nuevo— por orden del Ministro de Información y Propaganda
del Reich, Joseph Goebbels, con la
finalidad de recaudar fondos para
la organización Ayuda de invierno —*Winterhilfswerk des Deutschen*

**Karajan era conocido por su carác-
ter firme y también tenía fama de
ser ambicioso y un punto engreí-
do. Era un gran aficionado a las
sensaciones fuertes, y por si acaso
dirigir una gran orquesta no fuera
suficiente estímulo, le encantaba
conducir coches deportivos y pilo-
tar aviones.**

**Otro célebre director de la or-
questa berlinesa, pero a finales del
siglo XIX, fue Hans von Bülow
—el mismo von Bülow devoto de
Wagner, al que toleraba sus de-
vaneos con su esposa Cósima—.
Obra suya fue la introducción de
unas normas de comportamiento
del público que hoy en día nos parecen de lo más obvias: debía per-
manecer en silencio y no estaba
permitido comer ni beber durante
el concierto, como era costumbre
hasta entonces.**

**J. STRAUSS II.
EL BELLO
DANUBIO AZUL**

Volkes—. Esta era una organización benéfica encargada de financiar obras de caridad, como comprar ropas y alimentos para los necesitados. El concierto fue dirigido en esta primera edición por Clemens Krauss, íntimo amigo de Goebbels, y en aquella ocasión el programa estaba compuesto exclusivamente por obras de Johann Strauss hijo. Resulta curioso que en aquella ocasión no se interpretaran dos obras que ahora son imprescindibles: *El bello Danubio azul* y la *Marcha Radetzky* —aunque es cierto que esta última es del padre de Johann—. El primero se introduciría por primera vez en el programa en 1944, y la segunda en 1946.

La Orquesta Filarmónica de Viena sufrió grandes cambios durante los años treinta. Sus músicos judíos fueron expulsados con el Anschluss, la anexión de Austria a Alemania en 1938 como una provincia más del Reich, y varios de ellos murieron en los campos de concentración. Además, a la hora de contratar a los músicos se daba prioridad a aquellos afiliados al Partido, que en algunos momentos llegaron a representar la mitad de los miembros de la orquesta.

Otro aspecto polémico de la *Viener Philarmoniker*, además de aquel pasado más o menos lejano, es que no admitió mujeres hasta 1997. La primera fue la arpista Anna Lelkes, y la primera mujer en dirigir la orquesta fue la australiana Simone Young, en 2005.

Como se puede ver cada primero de enero, es característico de esta orquesta el uso de instrumentos no muy habituales en otras, que incluso podríamos calificar como anticuados. Por ejemplo, las trompetas son de válvulas y tienen el tubo más estrecho, las trompas usan un sistema de válvulas de doble pistón, los timbales utilizan parches de piel de cabra en lugar de sintéticos, los clarinetes tienen una digitación y una embocadura diferentes a las habituales, igual que ocurre con los oboes vieneses, que tienen muy poco que ver con los oboes de sistema francés que se usan en el resto de las orquestas del mundo.

La orquesta de la familia Strauss era una de las más populares
en los cafés de Viena. Sus valses y polkas eran la música de moda.

La familia Strauss

No deja de ser irónico que los Strauss —que no tienen nada que ver con
Richard más allá el apellido—, que son los protagonistas absolutos de este
concierto, fueran de ascendencia judía. Pero parece que Goebbels se daba
cuenta de que si prescindía de todos los artistas de sangre judía o con
parientes que la tuvieran o se sospechara siquiera que la tenían la cultura
alemana se vería seriamente limitada.

La familia Strauss dominó la música ligera vienesa durante varias décadas
del siglo XIX, y su orquesta era una de las más populares en los cafés de Viena,
en dura competencia con la de otro compositor de valses, Josef Lanner. Debemos tener en cuenta que aunque ahora pensemos en ella como música clásica,
esta era la música que estaba de moda en los bailes de la época. Cabe preguntarse dónde habrá quedado dentro de cien años la música de moda hoy en día.

Johann Strauss padre —el autor de la *Marcha Radetzki*— compuso para su orquesta más de ciento cincuenta valses, además de marchas, polkas y galops. Su hijo mayor, también llamado Johann —el que compuso *El bello Danubio azul*— fundó su propia orquesta y le disputaba a su padre el título de *Rey del vals*. Durante varios años, hasta la muerte de Johann padre en 1849, mantuvieron una seria rivalidad musical que se disputaba por los escenarios de la capital austríaca. Completan la familia Strauss Josef —autor del vals *Música de las esferas*— y Eduard —creador de la *polka shnell*, polka rápida—. Aún hubo en la siguiente generación un Johann Strauss III, hijo de Eduard. Eduard Strauss continuó dirigiendo la *Orquesta Strauss* hasta su disolución en 1901.

Aunque podamos pensar que se trata de una música demasiado superficial y sin demasiado valor, vale la pena recordar la anécdota que cuenta que en cierta ocasión la hija de Johann Strauss, Alice, pidió a Brahms que le firmara un autógrafo en su abanico. No solo se lo firmó, sino que además escribió los primeros compases de *El Danubio azul* con el comentario «desgraciadamente no es de Johannes Brahms».

Las palabras van evolucionando y deformándose con el paso el tiempo, y en ocasiones aparece una palabra nueva que por su similitud fonética acaba reemplazando a la original con un significado completamente diferente. Aunque el origen del apellido de esta familia deriva de una palabra del alemán antiguo que significa *riña* o *pelea*, en el alemán moderno *strauss* significa *avestruz*.

Los riesgos del mercado negro

El compositor austriaco Anton Webern fue alumno de Schönberg, y junto con este y Alban Berg fue uno de los más conocidos representantes de la llamada Segunda Escuela de Viena, o Wiener Schule —la Primera Escuela de Viena o Wiener Klassik había sido la de Haydn, Mozart y Beethoven, entre otros—. Las principales características de la Segunda Escuela de Viena eran dos: el *dodecafonismo*, es decir, la utilización de los doce sonidos de la escala cromática en un orden determinado y sin repetir ninguno hasta que hayan sonado todos los demás, y la atonalidad, la ausencia de una tonalidad definida.

Lamentablemente, Webern tuvo un triste final pocos meses después de la Segunda Guerra Mundial. El quince de septiembre de 1945 había abandonado Viena huyendo de la entrada del Ejército Rojo junto con su esposa Minna y se habían desplazado a su casa de campo en Mittersill, cerca de

Anton Webern formaba parte de la Segunda Escuela de Viena, junto con Alban Berg y Arnold Schönberg.

Salzburgo. También estaban sus hijas Christine y Maria, sus nietos y su yerno, que acababa de volver sano y salvo del frente. El hijo de Webern y Minna había muerto en un bombardeo.

El yerno de Webern era el *Kreisleiter* de las SS Benno Mattel, un ferviente nazi que se había casado con Christine vistiendo el uniforme del Partido. Mattel estaba involucrado en los asuntos del mercado negro y se había enterado por medio de un confidente de que esa misma noche le iban a detener.

Durante la cena regaló a su suegro una caja de puros —de contrabando, por supuesto—, y la familia pasó la velada esperando el arresto. Webern, que no quería presenciar la escena salió al jardín, aunque según otras fuentes lo que pretendía era practicar una maniobra de despiste para facilitar la huida de Mattel. Cuando sacó su encendedor de plata para fumarse uno de los puros un soldado de la patrulla que rodeaba la casa confundió el brillo de ese objeto metálico con el de una pistola y disparó tres veces sobre Webern, que solo tuvo tiempo de volver a entrar en casa y desplomarse sobre la alfombra.

El soldado era en la vida civil un cocinero de Wayne, Carolina del Norte, llamado Raymond Norwood Bell, y murió diez años después de este triste episodio presa del alcoholismo al que le condujo el remordimiento.

Mattel pasó un año en prisión por sus contactos con el mercado negro, tras el cual emigró con Christine a Argentina.

Al poco de llegar Hitler al poder en 1933, Webern fue falsamente acusado de ser judío, y su música fue tachada de *Bolchevismo cultural* por el régimen nazi. Junto con la de Alban Berg y Arnold Schönberg fue incluida dentro del Arte degenerado, del que hablaremos a continuación, lo que en la práctica suponía un veto para su edición e interpretación. Esto le provocó serios problemas económicos, hasta el punto de que hacia 1940 ya no tenía ingresos y vivía únicamente de sus ahorros y del patrimonio familiar.

Entartete Musik, la música degenerada

Durante el Tercer Reich se ensalzaban los valores del Clasicismo y del Romanticismo encarnados en Wagner, Beethoven, Bruckner, Haendel o Bach y se promulgaba una auténtica aversión hacia otras formas de arte más modernas, como la música atonal o la dodecafónica de la Segunda Escuela de Viena. Se consideraba como *música degenerada* a toda aquella que no cumplía con las normas que imponía la ideología del régimen, basada en la supremacía de la raza aria, y se incluía dentro de lo que denominaban *arte degenerado —Entartete Kunst—*.

Este último es precisamente el nombre de la exposición que se organizó en 1937 en Munich. Para realzar el efecto negativo que se pretendía, en esta muestra se colocaron deliberadamente de forma desorganizada numerosas obras de arte moderno requisadas de colecciones públicas acompañadas de textos que las ridiculizaban. También se mostraban los exorbitantes precios que se había pagado por ellas durante la República de Weimar. A esta exposición le sucedió al año siguiente en Düsseldorf otra organizada por Hans Severus Ziegler —publicista al que también se debe la invención del nombre de *Hitler-Jugend* para las juventudes del Partido— y expresamente dedicada a la música: *Entartete musik*.

El cartel de la exposición muestra una caricatura del protagonista de la ópera de Ernst Krenek, autor que en los años veinte experimentaba con el dodecafonismo y el jazz, *Johnny spielt auf —Johnny empieza a tocar—* con una estrella de David en el ojal en lugar de un clavel, para que no quedasen dudas sobre su intención.

Con la idea de la *música degenerada* quedaron relegadas al ostracismo obras consideradas contrarias a la gran tradición musical alemana, como las de Hindemith, Berg o Webern, y también las de compositores de ascendencia judía como Mahler, Meyerbeer, Offenbach, Schoenberg, Mendelssohn o Weill. También se prohibió la música de compositores extranjeros judíos o cuya obra se considerara demasiado moderna, como la de Gershwin, Mihaud o Stravinski.

Bajo el título de *Arte degenerado* se organizó en Munich en 1937 una exposición de obras que el régimen nacionalsocialista consideraba contrarias a sus ideales. Le seguiría la celebrada al año siguiente en Düsseldorf con el título de *Música degenerada*.

Para los compositores y otros artistas encuadrados en la lista de arte degenerado resultaba prácticamente imposible vivir de su trabajo. No se les permitía mostrar sus obras ni podían dar clase, y a menudo tuvieron abandonar los puestos que ocupaban. Algunos optaron por el exilio, pero otros perecieron en los campos de concentración, como Erwin Schulhoff, o se suicidaron, como Stefan Zweig. En solidaridad con estos artistas Bela Bartok, que no era alemán ni judío, solicitó a las autoridades que incluyeran sus obras en la exposición de Ziegler.

Los nazis y el jazz

Como no podía ser de otra manera, también se consideraba degenerada la música de jazz debido a su carácter libre y de improvisación, y también a sus orígenes africanos. Pero en este caso las autoridades tuvieron que mirar en cierta medida para otro lado dada la popularidad del género entre la población, con el clarinetista judío Benny Goodman como estrella destacada, aunque siempre estableciendo ciertas restricciones.

Una ordenanza del organismo encargado de la actividad cultural del Reich estipulaba unas normas al respecto bien detalladas. Por ejemplo, las piezas de *swing* no podían exceder el veinte por ciento del repertorio de las orquestas, había que dar preferencia a las piezas en modo mayor y evitar las *deprimentes letras judías*. Además se debían interpretar más piezas de tempo rápido que lentas, como el blues, y evitar las improvisaciones.

En un alarde de precisión germánica también especifica que las obras no debían sobrepasar un diez por ciento de ritmos sincopados ni exceder el tempo de *allegro*. Tampoco se podían utilizar sordinas que deformasen el noble sonido de los instrumentos de viento. Lo contrario a estas instrucciones se consideraba *propio de razas bárbaras y promotoras de instintos oscuros, impropios del pueblo alemán.*

Componer en el campo de prisioneros

El *Cuarteto para el fin de los tiempos* de Olivier Messiaen es la composición más conocida surgida de un campo de concentración y una de las obras maestras de la música de cámara del siglo XX. El título alude tanto a su

Olivier Messiaen. Compositor, organista, pedagogo y gran amante de los pájaros.

inspiración en el Apocalipsis de San Juan como a su novedosa utilización del tempo y del ritmo en la música, si atendemos a su traducción más literal como *Cuarteto para el final del tiempo*. Lo que en su obra Messiaen aspira a escuchar son ritmos fuera del tiempo, y no ritmos constantes. El cuarteto está escrito para clarinete, violín, violonchelo y piano, una formación inusual forzada por las circunstancias, aunque anteriormente Paul Hindemith ya había compuesto para esta combinación de instrumentos.

Al principio de la guerra Messiaen fue reclutado como auxiliar médico, debido a que sus problemas de visión le impedían ir al frente. De todas formas, fue hecho prisionero en Verdún en mayo de 1940 y recluido en el *Stalag VIII-A*, un campo de prisioneros de guerra cerca de Görlitz, en Polonia. Allí se encontraban Henri Akoka, el clarinetista del grupo, el violinista Jean le Boulaire y el violonchelista Ètienne Pasquier. El papel y el lápiz para componer se lo proporcionaba a Messiaen uno de los guardas del campo, Carl-Albert Brüll, que había estudiado música en Leipzig y posteriormente incluso les ayudó a lograr su liberación con un falso salvoconducto.

La idea inicial era componer un trío para sus compañeros de penurias, pero poco después se incorporó al mismo Messiaen al piano dando a la obra su forma definitiva. El cuarteto se estrenó utilizando los decrépitos instrumentos de que disponían en el campo en enero de 1941, al aire libre y bajo la lluvia ante un auditorio formado por unos cuatrocientos prisioneros y guardias.

Messiaen se consideraba a sí mismo tanto ornitólogo como compositor. Estaba fascinado por el canto de los pájaros, que transcribía e introducía en algunas de sus obras, como por ejemplo en *Le merle noir* para flauta y piano. Esta obra le fue encargada por el Conservatorio de París, centro del que fue nombrado profesor al poco de salir del campo de prisioneros, para ser interpretada en sus exámenes de ingreso. Otras obras suyas inspiradas en el canto de los pájaros son *Réveil des oiseaux* para orquesta, o *Catalogue d'oiseaux* y *La fauvette des jardins* para piano.

O. MESSIAEN. CUARTETO PARA EL FIN DE LOS TIEMPOS

Un campo de la muerte para artistas

El campo de Theresienstadt —o Terezín, en la actual República Checa— era a primera vista un centro modelo en el que estaban internados gran número de artistas que ofrecían conferencias y conciertos, había educación para los niños y además disponía de una biblioteca con más de cien mil volúmenes. El campo también tenía una orquesta formada por músicos profesionales dirigidos por Karel Ancerl y varios coros, e incluso un grupo de jazz: los *Ghetto Swingers*.

Pero lejos de esa imagen, Terezín era en realidad un caso singularmente depravado que destaca entre toda la miseria moral los campos de concentración nazis. El ambiente cultural de que se hacía gala y se mostraba al exterior tenía únicamente un objetivo propagandístico, principalmente con el fin de engañar al Comité Internacional de la Cruz Roja, encargado de verificar las condiciones de vida en los campos. Incluso se llegó a rodar una película con este fin titulada *Der Führer schenkt den Juden eine Stadt* —*El Führer les da a los judíos una ciudad*—. Desde luego, hay que tener la cara muy dura y un corazón de hielo para poner un título así.

Para transmitir una sensación de normalidad a los niños internados en el campo, al estilo de la película *La vida es bella* de Roberto Benigni, cada semana se representaba la ópera infantil *Brundibár*. Se hizo hasta en un total de cincuenta y cinco ocasiones. Su autor era el polaco Hans Krása, que la había compuesto en 1938, pero no se pudo representar a causa de invasión alemana de Polonia al año siguiente. Se estrenó de forma clandestina en Praga en 1941, y cuando Krása fue deportado a Terezín no pudo llevar consigo la partitura, así que tuvo que escribirla de nuevo.

Pero la terrible realidad del campo es que de los más de ciento cuarenta mil judíos allí recluidos solo sobrevivieron a la guerra veintitrés mil. El resto murieron a causa de las durísimas condiciones de vida del campo o fueron deportados a Auschwitz. Allí perecieron Hans Krása y los artistas que habían protagonizado las representaciones de *Brundibár*, y también la mayor parte de su público.

Desaparecido en el Canal de la Mancha

El trombonista Glenn Miller fue junto con su orquesta de swing todo un éxito de venta de discos a principios de los años cuarenta. Suyas son canciones como *In the mood*, *Moonlight serenade*, *Chattanooga choo choo* o *Pennsylvania 6-5000*. Durante la guerra sirvió en las Fuerzas Aéreas de los Estados Unidos con el rango de capitán, aunque su principal cometido era tocar para levantar la moral de las tropas estadounidenses destinadas en Europa.

Glenn Miller y su orquesta, encargados de levantar la moral de las tropas estadounidenses destinadas en Europa.

G. MILLER.
IN THE MOOD

Tras la liberación de París en 1944 Miller debía realizar una gira de seis semanas por varias ciudades, ya con el rango de mayor. El quince de diciembre se embarcó en un UC-64 Norseman desde un aeródromo al norte de Londres rumbo a la capital francesa, pero nunca llegaron a su destino.

La hipótesis más probable es que el avión se estrellara debido a problemas con el motor. Al parecer el piloto volaba demasiado bajo y el mal tiempo provocó que el combustible empezara a congelarse, un tipo de avería al que era bastante propenso ese tipo de avión y para la que había escaso margen de maniobra antes de estrellarse, no más de ocho segundos.

Pero al no haberse encontrado rastros del accidente circularon los más diversos rumores. Uno de ellos decía que que el avión fue derribado accidentalmente al ser alcanzado por las bombas que lanzaban al mar unos bombarderos Lancaster de la RAF para aligerar carga cuando regresaban de una operación sobre Alemania que habían tenido que abortar —aterrizar con las bombas en el aeródromo podía resultar muy peligroso—, y otro decía que Miller fue capturado por la Gestapo, asesinado y abandonado en un burdel de París. Tampoco faltaba quien afirmaba que Miller aún seguía vivo, como Elvis Presley.

La banda de Midway

Durante cualquier guerra es de vital importancia proteger el secreto de las comunicaciones propias e intentar interceptar las del enemigo. El mejor ejemplo es la célebre máquina *Enigma* utilizada por los alemanes, que se pudo descifrar gracias a los esfuerzos de los científicos reunidos en Bletchley Park bajo el mando de Alan Turing, el que se considera como el padre de la computación.

En la guerra del Pacífico la marina estadounidense utilizó varios sistemas para proteger sus comunicaciones, pero uno de los más eficaces resultó ser el más sencillo: utilizar una lengua que el enemigo no conociera y lo bastante alejada de la suya para que no pudiera ni siquiera imaginar el contenido de los mensajes. Con este fin utilizaron como operadores de radio a indios navajo que se comunicaban entre sí en su lengua, y también a pastores vascos emigrados a Estados Unidos, que lo hacían en euskera.

Pero las habilidades de los músicos también resultaban útiles. En la batalla de Midway los miembros de las bandas de la Armada norteamericana fueron integrados dentro del equipo de descifradores encargado de interceptar las comunicaciones japonesas para aprovechar su conocimiento de las estructuras musicales —y por tanto, aunque fuera de forma intuitiva, de las matemáticas— y su capacidad para reconocer patrones que se repiten.

En esta batalla, que representó un punto de inflexión en la guerra, la inteligencia militar tuvo una especial importancia, puesto que al descifrar el código japonés JN-25 —*Japanese Navy 25*— los americanos pudieron conocer la ubicación de la flota japonesa y sus intenciones de ataque sobre el atolón de Midway. También gracias a los mensajes descifrados pudieron derribar el avión en el que viajaba el almirante Yamamoto, el comandante en jefe de la Armada Imperial japonesa que había sido el encargado de planificar el ataque contra Pearl Harbour a pesar de que estaba en contra de hacer entrar en la guerra a los Estados Unidos. Suya es la frase «me temo que hemos despertado a un gigante dormido y le hemos obligado a tomar una terrible decisión».

El funeral de Prokofiev

Serguéi Prokofiev tuvo la mala suerte de morir en Moscú el cinco de marzo de 1953. Si morirse no fuera de por sí lo bastante malo resulta que ese mismo día y solo cincuenta minutos después que él pasó a mejor vida en la misma ciudad Iósif Vissariónovich Dzhugashvili: Josef Stalin.

Para acabar de complicar las cosas, la casa de Prokofiev estaba muy cerca de la Plaza Roja, donde durante tres días seguidos se congregó una

Prokofiev es el autor de siete óperas y varios conciertos, pero seguramente su obra más popular sea *Pedro y el lobo*.

multitud deseosa de —o obligada a— despedir al dictador, y resultaba totalmente imposible que el coche fúnebre de Prokofiev llegara para hacerse cargo del cuerpo. El féretro tuvo que ser llevado en volandas a contracorriente de las masas que se dirigían a la Casa de los Sindicatos donde tenía lugar el velatorio de Stalin.

No existen cifras fehacientes sobre el número de víctimas causadas por el régimen estalinista, pero incluso el entierro de Stalin causó un número indeterminado de muertos —entre unas docenas y varios centenares según las fuentes, pero como muchos otros asuntos este dato sigue siendo material clasificado— que perecieron aplastados por la multitud.

Era tal el terror que inspiraba Stalin incluso entre sus más estrechos colaboradores que cuando le dio el ataque que le llevaría a la tumba estuvo agonizando en el suelo durante varias horas por el simple hecho de que nadie se atrevía a acercarse por temor a las consecuencias. Tampoco le ayudó que no hubiera ningún médico cerca. En enero de ese mismo año había mandado detener a docenas de médicos, incluyendo al suyo personal, temiendo una conspiración sionista financiada por la CIA a la que llamaron el *complot de los médicos*.

La noticia de la muerte de Prokofiev apareció en la página ciento quince del periódico, porque las ciento catorce anteriores estaban dedicadas a la de Stalin, y no debió resultar nada fácil organizar su funeral, puesto que todos los músicos de la ciudad estaban obligados a tocar en el del dictador o en los actos organizados en su honor. Además, su velatorio acaparaba todas las flores disponibles.

A falta de flores el pianista Sviatoslav Richter, que fue una de las cuarenta personas que consiguieron acudir al entierro de Prokofiev, depositó sobre su ataúd una rama de pino, y la familia lo adornó con flores de papel. También acudieron Shostakovich y la segunda mujer de Prokofiev, Mira. Su primera mujer, Lina, no pudo asistir porque estaba recluida en un *gulag* acusada de espionaje por sus frecuentes visitas a las embajadas extranjeras. Allí pasaría ocho años, hasta 1956.

Las relaciones de Prokofiev con el régimen soviético nunca fueron fáciles. Su nombre aparecía junto con el de Dimitri Shostakovich y Aram Katchaturian en el tristemente famoso *Decreto Zhdanov*, una resolución de 1948 del Politburó del Partido Comunista de la Unión Soviética en la que se denunciaba su presunto *formalismo decadente* y la renuncia a los principios básicos de la música clásica en favor de unos sonidos confusos que, según el informe, «convierten la música en cacofonía». Este informe significaba en la práctica la censura de sus obras, incluso las que no estaban mencionadas en él, lo que llevó a Prokovief a una grave situación financiera. Prokofiev prometió a las autoridades cambiar su estilo compositivo, y aunque su ópera *Historia de un hombre real* también fue censurada, su séptima sinfonía fue una suerte de reconciliación con el régimen e incluso le sirvió para ganar el Premio Stalin en 1952.

Pese a ver su nombre en el célebre Decreto Zhdanov en el que se denunciaba su formalismo decadente, Prokofiev acabó reconciliado con el régimen soviético.

El Andrei Zhdanov que daba nombre al decreto era el responsable del control ideológico de la cultura en la URSS y un ferviente partidario del *realismo socialista*, movimiento que exaltaba las virtudes comunistas y las oponía a los valores burgueses. Esta injerencia del poder político en la cultura recuerda demasiado a la cultura degenerada de la Alemania de unos años atrás, y con unas consecuencias no muy diferentes.

Serguéi Prokofiev compuso óperas, ballets, sinfonías y música para el cine, pero su obra más popular seguramente sea *Pedro y el lobo*, escrita en 1936 para estimular entre los niños el gusto por la música. La pieza, que Prokofiev completó en solamente cuatro días, está escrita para orquesta y un narrador que va contando el cuento, en el que cada personaje está representado por un instrumento o grupo de instrumentos: Pedro es la sección de cuerda, el abuelo es el fagot, el pájaro la flauta, el pato es el oboe, el gato el clarinete, los timbales y el bombo los cazadores y las tres trompas el temible lobo.

A Prokofiev le gustaban mucho los coches. Incluso en cierto momento consiguió que las autoridades soviéticas le permitieran importar un Ford como muestra de reconocimiento por su gran prestigio como compositor. Pero a pesar de todo era muy mal conductor. En una ocasión atropelló a dos ciclistas, en otra a una joven en el centro de Moscú y en otro accidente todos los que iban en su coche salieron disparados. Aunque afortunadamente no hubo víctimas graves sí que Prokofiev sufrió algunas lesiones en su mano que le impidieron tocar durante un tiempo.

El vals que no es de jazz

Ya vimos en otro capítulo que *Para Elisa* de Beethoven no era para una señora que se llamaba Elisa, sino Teresa, y que fue la mala letra de Beethoven la que nos ha jugado una mala pasada. Una confusión similar ocurre con el título de una de las obras más conocidas de otro compositor soviético: el *Vals de la Suite de jazz nº2* de Dimitri Shostakovich. El problema es que a pesar de que lo conozcamos con ese nombre, en realidad no pertenece a esa Suite.

Shostakovich escribió su primera *Suite de jazz* en 1934, en un intento de introducir y desarrollar este estilo en la música de la Rusia soviética, y la segunda en 1938, cuando ya empezaba

S. PROKOFIEV.
PEDRO
Y EL LOBO

a tener problemas con el régimen estalinista. Esta partitura se perdió y no fue hasta 1999 que se recuperó una versión para piano, a partir de la cual se hizo una reconstrucción de la obra para orquesta, pero en ella no había ningún vals.

Por otra parte, Shostakovich había recopilado en 1956 una serie de piezas, la mayoría escritas para el cine, con el nombre de *Suite para orquesta de variedades*, en la que sí que encontramos el dichoso vals, que en realidad pertenecía a la película de 1955 *El primer escalón*, de Mijail Kalatozov, en la que aparece en varias escenas con ambiente de festejo popular. Sabiendo esta procedencia de la pieza, además, queda explicado su poco aire jazzistico más allá de la presencia de un poco habitual saxofón dentro de la orquesta.

El error en el nombre viene de que cuando Mstislav Rostropovich estrenó la obra en el Barbican Hall de Londres en 1988 lo hizo equivocadamente con el título de *Suite de jazz nº2* en lugar del correcto de *Suite para orquesta de variedades*, y así ha quedado para la posteridad.

D. SHOSTAKO-
VICH. VALS

Es innegable el parecido del comienzo de la melodía de este vals con la de la canción española *Yo te daré* —«...te daré niña hermosa...»—, y hay quien sostiene que Shostakovich pudo haberla escuchado de boca de alguno de los niños de la guerra exiliados a la Unión Soviética durante la guerra Civil y que la recordara años más tarde pero, como es lógico, no tenemos pruebas de ello.

La obra de Shostakovich oscilaba entre ser acusada en ocasiones de reaccionaria y decadente y en otras considerada como uno de los mejores exponentes del arte socialista. Su actitud hacia el régimen y de este con él mismo también sufrió estos vaivenes. Si bien sufrió el ostracismo tras ser incluido en 1948 en el *Decreto Zhdanov*, más tarde ingresaría en el partido Comunista y tuvo importantes responsabilidades institucionales, como ser Secretario General de la Unión de Compositores Soviéticos. Incluso llegó a ser miembro del Soviet Supremo de la URSS.

No obstante, tanto su afiliación como su nombramiento parecen haber sido obligados y un intento del régimen por mostrar una imagen de apoyo por parte de los mejores artistas. Algunos los consideraron como actos de cobardía, pero no debemos olvidar que Shostakovich había perdido a varios amigos y familiares en las sucesivas purgas estalinistas, lo que inevitablemente nos recuerda lo ocurrido con Richard Strauss solo unas décadas atrás.

Shostakovich tenía gran afición por el vodka. Llegado cierto momento los médicos se lo prohibieron y encargaron a su mujer que lo vigilara, cosa que hacía con un celo extremo. Pero no contaba con que el compositor daba clases particulares en su casa, y que había avisado a sus alumnos de que antes de cada sesión debían pasarse por determinada chocolatería para recoger un encargo. Shostakovich se pasaba la clase mordiendo, chupando y tirando a la basura todos los bombones, no sin antes haber sorbido el líquido de su interior. ¿Adivinamos de qué estaban rellenos?

Shostakovich fue un autor prolífico en distintos géneros. Compuso ópera, comedia musical, sinfonías, música concertante, cantatas, cuartetos de cuerda y música para el cine.

Shostakovich y el fútbol

Pero lo que Shostakovich en realidad querría haber sido en su vida es futbolista. Se lo impidió su miopía, aunque esta no fue obstáculo para que fuese árbitro durante un tiempo —si bien resulta inevitable preguntarse por lo acertado de las decisiones de un colegiado corto de vista—.

En su juventud era hincha del Dinamo de Leningrado, y tras la guerra se pasó al Zénit de Leningrado, hoy Zénit de San Petersburgo. Era tal su afición que en su último día de vida llegó a pedir a su mujer que lo visitara en el hospital un poco más tarde que de costumbre porque quería ver en televisión el partido del equipo de sus amores. No sabemos el resultado, ni si se marchó de este mundo contento con la victoria o frustrado por la derrota.

Shostakovich compuso en 1930, con veinticuatro años, *La edad de oro* —*Zolotoi vek* en ruso—, un ballet que narra el viaje de un equipo de fútbol soviético por un ficticio país capitalista llamado, no sin intención, *Fascia*.

Los jugadores de ese país están representados por ritmos de jazz y tango, y en el ballet encontramos personajes tan pintorescos como obreros en huelga y jueces corruptos y fascistas, pero también la historia de amor entre el capitán del equipo soviético y una joven nazi que intenta seducirle, pero de cuyas garras es finalmente rescatado por una muchacha del *Komsomol*, las juventudes comunistas.

Circula una frase de Shostakovich en la que supuestamente decía: «En la Unión Soviética un estadio es el único lugar en el que se puede gritar no solo a favor, sino también en contra de algo».

La diplomacia del jazz

La diplomacia del jazz es el nombre de un proyecto propagandístico que el Departamento de Estado norteamericano desarrolló durante toda la Guerra Fría en un intento de mostrar al mundo las libertades que se disfrutaban en Estados Unidos. Su objetivo eran sobre todo en los países de detrás del Telón de Acero o que podían caer bajo la influencia de Moscú, pero también cualquiera que pudiera resultar geopolíticamente interesante.

Los roces entre las dos superpotencias fueron continuos durante los años que duró el proyecto, entre 1951 y 1978. Era la época de la crisis de los misiles en Cuba, la invasión soviética de Afganistán, la guerra de Vietnam y las carreras espacial y armamentística. Muchos países se debatían entre la influencia de una u otra potencia y Estados Unidos vio en la

Louis Armstrong participó en la campaña de La diplomacia del jazz, lo que no le impidió ser crítico con la cuestión racial en su propio país.

música un medio de dar una idea de apertura que contrastara con la imagen gris del bloque soviético. En el jazz, con su carácter improvisatorio y libre, encontró el estilo perfecto para sus intenciones. Participaron en este proyecto artistas famosos como Benny Goodman, Duke Ellington, Dizzi Gillespie, Miles Davis o Louis Arsmtrong, con giras por los países de Europa del Este, Latinoamérica, el África Subsahariana y Oriente Medio.

Resulta paradójica la participación de artistas de color en estas giras de exaltación de la libertad en un momento en que la segregación racial era la norma en el sur de su país. Aunque bien pensado no dejaba de ser un intento de contrarrestar la imagen racista que en el exterior se tenía de Estados Unidos.

Louis Armstrong se negó a participar en la gira de 1957 en solidaridad con *Los nueve de Little Rock*, un grupo de estudiantes negros que intentaron acceder al instituto de esta localidad de Arkansas una vez que el Tribunal Supremo había declarado que la segregación racial en los centros educativos era contraria a la Constitución. Ante los insultos y abucheos de los estudiantes blancos fue precisa la protección del ejército para que pudieran hacerlo. Pero a pesar de todo persistieron y consiguieron graduarse al año siguiente, aunque las tropas tuvieron que seguir vigilando el instituto durante el resto del curso.

El reparto de los músicos en estas giras no se realizaba al azar, y siempre se tenía en cuenta el público del país al que se desplazaban, a fin de que calara mejor el pretendido mensaje del jazz como metáfora de la libertad. Por ejemplo, mientras a la Unión Soviética se enviaba al clarinetista blanco Benny Goodman, que además tenía un repertorio clásico muy del gusto de las autoridades del país, a África llegaban artistas de color como Louis Armstrong.

En 1962 Benny Goodman visitó la URSS como gesto de distensión inmediatamente después de la crisis de los misiles de Cuba ocurrida en octubre de ese mismo año. Incluso llegó a reunirse con el presidente Kennedy para preparar el viaje.

La vida de María Callas bien podría ser el argumento de una tragedia griega ambientada en pleno siglo XX.

El fenómeno Callas

Maria Anna Cecilia Sofia Kalogeropoúlou nació en Nueva York en 1923, pero en 1937 se trasladó a Grecia con su madre y su hermana Yakinthy tras la separación de sus padres. Nunca tuvo una buena relación con su madre, que continuamente la comparaba con su hermana y criticaba su físico por ser una adolescente no muy agraciada y algo entrada en carnes. Quizá esta carencia afectiva determinó sus futuras relaciones con los hombres, siempre marcadas por la dependencia y quizá por la búsqueda de una figura paterna.

María Callas —su padre había simplificado el apellido familiar para hacerlo algo más comprensible en Estados Unidos— empezó a estudiar canto en el conservatorio de Atenas, aunque para ingresar tuvo que mentir acerca de su edad porque no llegaba al mínimo de dieciséis años. Su primera actuación sería al año siguiente, encarnando a Santuzza en *Cavalleria rusticana* de Mascagni en una función no profesional, y su debut definitivo tuvo lugar en 1942, en el Teatro Lírico Nacional de Atenas.

Años después y siendo ya una cantante de fama internacional decidió a mediados de los cincuenta adelgazar para hacer justicia a los personajes que representaba en el escenario. Perdió cuarenta kilos en apenas unos meses lo que, junto con una activa vida social empezó a perjudicar su voz.

Al poco tiempo, en 1959 María Callas abandonó a su marido, un empresario de la construcción llamado Giovanni Battista Meneghini que era treinta años mayor que ella, para iniciar una tormentosa relación con el armador griego Aristóteles Onassis, que solamente era diecisiete años mayor. El romance inundó las portadas de la prensa rosa, pero esta relación estaba destinada al fracaso y marcó el inicio del definitivo declive de su carrera. Callas y Onassis nunca llegaron a casarse, a pesar de los ruegos de ella, que llegó a renunciar a la nacionalidad estadounidense y quedarse solamente con la griega en un intento de convencer al naviero. Onassis la abandonó repentinamente en 1968 para casarse con Jacqueline Kennedy, la viuda del presidente de los Estados Unidos muerto en Dallas cinco años atrás.

Este fracaso supuso un duro golpe para María Callas, del que nunca se pudo recuperar. Incluso le llevó a un intento de suicidio en la primavera de 1970.

Pero todavía no había acabado la triste historia, puesto que Onassis quiso retomar la relación cuando su matrimonio con Jackie empezaba a hacer aguas, y en este caso fue María Callas la que le rechazó.

María Callas murió en París en 1977 a los cincuenta y tres años, tras casi diez de retiro. Oficialmente murió de un ataque al corazón, pero no se descarta que fuera a consecuencia de un nuevo intento de suicidio. Sus cenizas fueron esparcidas por el mar Egeo.

De su voz, que abarcaba tres octavas, se dice que tenía una gran técnica de *bel canto* unida a un timbre muy personal y no muy ortodoxo, que algunos tachan de agrio o de metálico. Por la extensión de su voz se la califica como *soprano sfogato*, es decir, una voz que puede desenvolverse con facilidad tanto en papeles de soprano —la voz aguda de mujer— como de contralto —la voz grave—. Aunque María Callas no llegó en la práctica a representar papeles de contralto, su prodigiosa voz le permitió asumir papeles dramáticos tanto en óperas veristas como en óperas de Wagner, al mismo tiempo que en otras pensadas para un tipo de voz más ligera.

Otro ejemplo de voz con una extensión extraordinaria es la de María Malibrán, una de las mejores representantes del bel canto, a la que admiraban compositores como Donizetti, Rossini, Bellini o Liszt. Nació con el nombre de María Felicia García Sitches en 1808 en París, a donde su familia había huido de la España ocupada por las tropas napoleónicas.

Pasó a ser *La Malibrán*, como se le conocía en los escenarios, al casarse con el banquero Eugène Malibran, pero lamentablemente murió muy joven, como buena heroína romántica, a los veintiocho años a causa de las secuelas que le dejó una caída del caballo durante una cacería. A su entierro acudieron más de cincuenta mil personas.

Pero al margen de proezas técnicas lo que realmente destacaba en la interpretación de María Callas eran su intensa musicalidad y su capacidad para el fraseo, que unidas a sus innegables dotes como actriz compensaban las carencias que algunos le achacaban. Con María Callas se rompió una tradición operística centrada únicamente en la voz y que desdeñaba otros aspectos escénicos y teatrales que podían dar una mayor verosimilitud a los personajes.

María Callas siempre construyó sus interpretaciones desde el personaje que debía encarnar, y supo poner toda la técnica a su servicio. Se cuenta que una de las últimas veces que cantó *La Traviata*, con su voz y su salud bastante mermadas, tenía ciertos problemas para mantener el *piano* en los pasajes más agudos del aria *Addio del passato*. El director le propuso que los cantara más fuerte, a lo que ella se negó en redondo. Su argumento era que si se le rompía la voz eso daría más realismo a la escena porque a fin de cuentas su personaje, *Violetta*, estaba a punto de morir.

V. BELLINI.
M. CALLAS.
CASTA DIVA

Los otros músicos

La música, de cualquier género, es un fenómeno que forma parte de la vida de todas las personas aunque no sea su profesión, incluso si no son plenamente conscientes de ello. Nuestra vida cotidiana está llena de música, que nos acompaña de forma más o menos evidente en multitud de situaciones, y muchas de esas melodías que nos resultan tan familiares tienen un origen más o menos cercano en la música clásica.

En los capítulos anteriores hemos hablado de compositores, cantantes, virtuosos y directores de orquesta que le dedicaron su vida —aunque alguno, como Borodin, tuviera otra profesión—, pero este capítulo final se lo dedicaremos a algunos personajes conocidos, reales o de ficción, que podemos asociar fácilmente con un instrumento a pesar de que nunca hayan sido músicos profesionales. Porque para apreciar la música no es imprescindible dedicarse a ella; cada cual puede encontrar el estilo que más le guste y el punto justo de dedicación que le permita disfrutarla plenamente.

Allegro con fuoco

No se puede acusar directamente a Nerón de provocar el incendio que asoló Roma el año 65 d.C., pero de lo no que no cabe duda es que le sirvió para despejar de casas una gran extensión del centro de la ciudad, en la que construyó su gran palacio —la *Domus Aurea*, la Casa de Oro— y también

Cayo Mecenas vivió un siglo antes que Nerón y fue consejero de Augusto, además de un gran protector de las artes y de la literatura. Su nombre ha quedado para la historia como sinónimo de benefactor de la cultura.

se valió de él para tener una excusa para perseguir a los cristianos, a los que culpó del incendio para alejar de sí las sospechas.

Historiadores algo posteriores —del siglo II— como Suetonio o Dión Casio incluso detallan qué pieza estaba tocando Nerón en el preciso momento del incendio, la *Iiou persis* —*El saqueo de Ilión*, un antiguo poema que narraba parte de la guerra de Troya— e incluso menciona el lugar desde el que lo hacía, una torre en los jardines de Mecenas.

Pero otros historiadores antiguos como Tácito afirman que el emperador ni siquiera se encontraba en Roma aquel día, sino en su localidad natal de Anzio. Sean cuales sean los hechos reales, la imagen del emperador Nerón ha quedado indisolublemente ligada a su lira.

La *Domus Aurea*, el palacio que Nerón mandó construir sobre las ruinas del centro de Roma, era más que un único palacio, un conjunto de construcciones erigidas con el máximo lujo, con incrustaciones de oro, marfil y piedras preciosas además de elaborados frescos, y abarcaba unas cincuenta hectáreas y disponía de unas trescientas habitaciones. También disponía de jardines, bosques, campos de maíz y viñedos, pero curiosamente en las excavaciones aún no se ha encontrado ninguna letrina.

Por orden del emperador Trajano La *Domus Aurea* sería desmantelada pocas décadas después de la muerte de Nerón, sus tesoros expoliados y su estructura cubierta con escombros. Sobre ella se construirían las termas de Trajano, pero de esta forma la *Domus Aurea* quedó involuntariamente protegida del pillaje que sufrieron otros monumentos hasta el siglo XV, cuando se redescubrió accidentalmente al caer un adolescente por un agujero del suelo yendo a parar a una de las salas subterráneas del palacio. Los frescos hallados en la Domus Aurea sirvieron de inspiración a los artistas del Renacimiento e influyeron en gran medida en su estilo.

El arpa de Leonardo

Leonardo da Vinci es el prototipo de hombre del Renacimiento, aquel que domina todas las ciencias y las artes. De Leonardo nos han llegado sus estudios sobre el cuerpo humano, sus proyectos de ingeniería y sus pinturas pero, como no podía ser menos, la música también fue un gran objeto de interés para él. No nos ha llegado el tratado sobre música que al parecer escribió, pero sabemos de su existencia por la mención que hace en su *Cuaderno de anatomía*: «[...] No me extenderé en estas consideraciones porque este tema ya está tratado en mi libro sobre los instrumentos musicales».

Leonardo estudió los fenómenos físicos de la música, como la propagación del sonido a través del aire, y también su relación con aspectos filosóficos y esotéricos. Estudió el funcionamiento de los instrumentos y diseñó varios, como un arpa construida en plata para que tuviera mayor sonoridad que él mismo tocó para Ludovico Sforza en Milán por encargo Lorenzo el Magnífico, una *viola organista* que mezclaba características de los instrumentos de cuerda con la polifonía del órgano o autómatas musicales con un mecanismo similar al de las cajas de música. Pero a pesar del evidente interés de Leonardo por la música no nos ha llegado ninguna composición suya.

La palabra *grotesco* deriva de *grottesco*, y esta a su vez de *grotta* —gruta en italiano—, porque cuando fueros descubiertas las estancias de la *Domus Aurea* donde se encontraban los frescos estas tenían la apariencia de cuevas.

No debemos confundir a Leonardo da Vinci con Leonardo Vinci, compositor barroco nacido a finales del siglo XVII, casi doscientos cincuenta años después que el Leonardo del que estamos hablando, y muerto en 1730 en extrañas circunstancias antes de cumplir los cuarenta. Probablemente fue envenenado a causa de una disputa amorosa.

Por esa misma época, principios del siglo XVI, Octaviano Petrucci inventaría un sistema de tipos móviles con el que poder imprimir la música de la misma manera que se hacía con los textos. La primera obra musical impresa mediante este procedimiento se titula *Harmonice musices odhecaton* y es una colección de casi un centenar de canciones a varias voces.

En la actualidad Petrucci da nombre a una extensa base de datos en Internet —*Petrucci Music Library*— donde descargar legalmente partituras libres de derechos de autor. *Petrucci* es también una fuente del procesador de textos que permite escribir con el teclado notas musicales.

Federico II de Prusia también conocido como El rey filósofo o El rey músico.

Sin preocupaciones

Federico II de Prusia, llamado *Federico el Grande* —Federico Hohenzollern, también conocido como *El rey filósofo*, *El rey músico*, *El rey masón* o *El viejo Fritz*—, es el paradigma de los monarcas ilustrados: melómano, poeta, amante de las letras, flautista aficionado —fue alumno de Johann Joachim Quantz— e incluso autor de varias composiciones. Voltaire le llamó *El Salomón del norte*, en contraposición con el rey francés Luis XV, duramente criticado por sus derroches y los continuos escándalos con sus numerosas amantes.

Durante el reinado de Federico, Berlín se convirtió en uno de los más importantes centros musicales de Europa. No muy lejos de la ciudad, en Potsdam, el rey disponía de un pequeño palacio al que se retiraba para olvidarse de las preocupaciones del cargo y dedicarse a su pasión por la música. Lo llamó *Sanssouci* —del francés *sans souci*, sin preocupaciones—.

No se puede decir que el gusto por el arte de Federico le viniera de su padre, puesto que Federico Guillermo I —que ha pasado a la posteridad como *El Rey sargento* o *El rey soldado*— centró todos sus esfuerzos en fortalecer su ejército. Para ello decidió prescindir de gastos que consideraba superfluos, como la orquesta de la corte. En cambio su abuelo, Federico I de Prusia, sí que había manifestado un gran interés por la cultura fundando la Universidad de Halle, la Academia de las Artes y la Academia de las Ciencias, cuyo primer presidente sería el matemático Gottfrid Wilhem Leibniz.

Federico II compartía con sus hermanas Wilhemine y Anna Amalie su afición por la música, lo que no era del todo bien visto por su padre, que prefería otro tipo de diversiones para su heredero.

Anna Amalie también fue compositora, en una época en la que no era muy habitual que una mujer se dedicara a ello, aunque perteneciera a la alta sociedad. Entre sus obras encontramos *Erwin und Elmire*, un singspiel sobre textos de Goethe, un concierto para clave y un divertimento para piano, clarinete, viola y violonchelo.

En 1736 Federico rompe definitivamente con su padre y se instala en Rheinsberg, donde funda una orquesta formada por diecisiete músicos a la que dos años más tarde se incorporaría como clavecinista Carl Philipp Emanuel Bach.

En el plano político Federico II es conocido por haber consolidado Prusia entre las potencias europeas siguiendo el trabajo emprendido por su padre, y en el militar tenía fama de ser un comandante experto. El mismo Napoleón Bonaparte, que le admiraba como genio táctico, analizaría posteriormente su papel en la batalla de Leuthen durante la *Guerra de los siete años* como «una obra maestra de movimiento, maniobra y resolución». Estos dos personajes, Federico y Napoleón son los que más veces se citan por Carl von Clausewitz en su obra *De la guerra* —recordemos de este libro la frase «la guerra es la continuación de la política por otros medios»—.

Pero lo que ha reservado a Federico II un hueco dentro de nuestro ámbito cultural es el esfuerzo que siempre hizo por apoyar el trabajo de los escritores y, sobre todo, los músicos. Una vez en el trono creó una *Capilla*, que en sus inicios no era más que una pequeña orquesta de cámara. Con el tiempo se fue ampliando hasta llegar a contar con más de cincuenta músicos y el mismo rey solía actuar como solista de flauta. En esa época y gracias a ese ambiente favorable surgieron en la ciudad otras orquestas privadas patrocinadas por los nobles que ofrecían conciertos en sus mansiones, como la de su hermana Anna Amalie.

Toda esta actividad musical en la corte de Federico se repartía a lo largo del año entre Berlín y Potsdam —lo que obligaba a los músicos de la corte a recorrer los treinta y cinco kilómetros que hay entre ellas— y se trataba en muchos casos de conciertos abiertos al público en general. Por ejemplo, la entrada a la ópera era gratuita siempre y cuando se acudiera debidamente vestido.

La labor cultural de Federico II no se limitó a animar, mientras vivió, la vida musical de su época, sino que tuvo una gran influencia posterior al favorecer durante su reinado la publicación de varios de los tratados teóricos más importantes, como el de J.J. Quantz sobre la flauta , el de C.Ph.E. Bach sobre los instrumentos de teclado, además de otros sobre composición o teoría de los intervalos. Johann Kirnberger publicó varios libros sobre composición y la afinación de los instrumentos basada en el temperamento igual, incluso un manual titulado *Manual para componer rápida y fácilmente polonesas y minuetos*, pero de forma inesperada su contribución a la música fue de otro tipo y mucho mayor: Kirnberger había sido alumno de Johann Sebastian Bach, y cedió a Anna Amalie la colección de los manuscritos de las obras de su maestro que había ido guardando. De esta forma quedaron resguardados en la Staatsbibliotek de Berlín hasta que fueron redescubiertos en el siglo XIX.

Aunque Federico no era el único de los príncipes europeos aficionado a la música, su contribución personal como intérprete y compositor además de como mecenas es muy superior a la de los demás. Pese a que muchas de ellas no se han conservado, se calcula en más de un centenar las sonatas compuestas por él, y más de trescientas las obras que tenía en su repertorio como flautista.

En 1747 Johann Sebastian Bach fue invitado a instancias de su hijo Carl Philipp a una de aquellas veladas musicales organizadas por el rey. Bach era famoso por su facilidad para la improvisación, y en un momento de la reunión el rey le propuso que tomara como tema una frase musical compuesta por él mismo e improvisara sobre ella. A esta frase se le llamó *Thema Regium* —Tema Real—:

De este juego surgiría la *Ofrenda musical* del maestro de Eisenach, publicada un par de meses después como una serie de piezas basadas en este mismo tema y con una velada dedicatoria para el monarca —recordemos que Federico era aficionado a los anagramas y a los acertijos y la invitación a cenar que envió a Voltarire—: Bach titula las fugas de la *Ofrenda* con el nombre de *Ricercar*, que es el nombre antiguo de esta forma musical, pero en realidad se trata de un acróstico: son las iniciales de *Regis Iussu Cantio Et Reliqua Canonica Arte Resoluta, Pieza realizada por orden del rey y otros fragmentos resueltos según el arte del canon.*

Se especula con que la primera de las piezas de la *Ofrenda musical* fuera una transcripción fiel de la improvisación que realizó durante aquella velada, aunque parece difícil dada la perfección con que se ajusta a las normas de la composición, pero ¿quién sabe?

Durante aquella estancia en *Sanssouci* Bach tuvo la ocasión de conocer un instrumento por el que no se sintió especialmente interesado: el *pianoforte*. El pianoforte es el antecesor directo del piano y en esa época constituía toda una innovación, porque con él se puede variar el volumen del sonido según la fuerza con la que se percute la tecla, lo que amplía las posibilidades del fraseo —a diferencia del clavecín, en el que las notas suenan siempre con la misma intensidad porque sus cuerdas no son golpeadas por los macillos, sino pellizcadas por una pestaña que se acciona al presionar la tecla—.

J.S. BACH. OFRENDA MUSICAL

El emperador compositor

Probablemente uno de los procesos de independencia más curiosos del siglo XIX sea el de Brasil con respecto a Portugal. No solo porque el nuevo país que surgiría no fuera una república o un simple reino, sino nada menos que el Imperio de Brasil.

Otro aspecto singular del caso es que la persona que lo lideró fue el propio heredero al trono de Portugal, Pedro —bautizado como *Pedro de Alcântara Francisco Antônio João Carlos Xavier de Paula Miguel Rafael Joaquim José Gonzaga Pascoal Cipriano Serafim de Bragança e Bourbon*—, que así se convirtió en 1822 en Pedro I de Brasil dentro de un régimen de monarquía constitucional.

Se da la circunstancia de que Pedro I era un gran aficionado a la música y que fue él mismo quien compuso el primer himno oficial de Brasil con letra de Evaristo da Veiga. Hoy en día ya no es el himno oficial, y se conoce esta pieza como *Hino da Independência*.

Por cuestiones sucesorias, a la muerte de su padre Juan VI, Pedro I también fue rey de Portugal durante dos meses —Pedro IV de Portugal, entre el diez de marzo y el dos mayo de 1826—, pero viendo que esa aparente reunificación sería mal vista en los dos países abdicó de la corona de Portugal en favor de su hija María —María II—.

El segundo y último emperador de Brasil fue otro hijo de Pedro I, Pedro II, que en 1889 fue derrocado por un golpe militar que proclamó, esta vez sí, la República.

El luthier Oscar Steger fabricó en 1933 un violín especialmente dedicado a Albert Einstein.

El violín de Einstein

No era un Stradivarius, pero en marzo de 2018 un violín fue vendido por más de cuatrocientos mil euros. Se trataba de un instrumento construido por el luthier Oscar Steger en 1933 en el que dejó una dedicatoria: «Hecho para el físico más grande del mundo, el profesor Albert Einstein». Era el mismo instrumento que en su día el propio Einstein regaló a uno de los conserjes de la Universidad de Princeton.

No es necesario describir en detalle a este personaje que desde hace tiempo se asocia con la imagen del genio excéntrico en estado puro. Tampoco merece la pena hablar del científico que desarrolló la *Teoría de la Relatividad* y que junto con Max Planck sentó las bases de la *Mecánica Cuántica*. En este capítulo hablaremos de Albert Einstein, el violinista.

Y es que esta afición resultó ser decisiva en varios momentos de su vida. Sin ir más lejos, Elsa, la que fuera segunda esposa de Einstein a partir de 1919 —y también su prima— decía que no se enamoró de él por sus cualidades científicas, sino «por sus hermosas interpretaciones de Mozart al violín». Por otro lado, su hijo Hans Albert —de su primera mujer, la matemática Mileva Maric— decía de su padre: «Cada vez que sentía que se topaba con una pared en sus razonamientos acudía a la música». De hecho, el propio Einstein afirmaba que si no hubiera sido físico se habría dedicado a la música.

Einstein empezó a estudiar violín a la edad de seis años animado por su madre, y un poco más adelante el piano, pero no fue hasta los trece, al descubrir precisamente las sonatas de Mozart que más adelante impresionarían a Elsa, que la música se convirtió en una de sus grandes pasiones y el violín en su instrumento predilecto. Mozart siguió siendo, junto con Bach, el compositor favorito de Einstein durante toda su vida pero, en cambio, consideraba a Beethoven demasiado dramático y personal, y de Wagner, aunque valoraba su contribución a la renovación de la ópera, decía que «por lo general, solo puedo escucharlo con desagrado».

No existe ninguna grabación de Einstein tocando el violín, por lo que su capacidad o su nivel artístico reales seguirán siendo un misterio, pero prueba de su gran afición es que siempre que salía de viaje llevaba consigo alguno de sus violines. Es curiosos que aunque tuvo varios a lo largo de su vida a todos los apodaba Lina, como abreviatura de la palabra *violín*.

A lo largo de su vida Einstein ostentó la nacionalidad de cuatro países distintos: alemana —en dos ocasiones—, suiza, austrohúngara y estadounidense. Además fue apátrida durante cinco años al renunciar en 1896 a la nacionalidad alemana para eludir el servicio militar.

En los años treinta Einstein salió con Elsa de la Alemania nazi para establecerse en los Estados Unidos. Allí solían organizar los miércoles por la noche sesiones de música de cámara en su casa de Princeton, y en otras ocasiones acompañaba al órgano las ceremonias de la sinagoga o tocaba para recaudar fondos para contribuir a la causa sionista y a la construcción del estado de Israel.

Hacia 1950 Einstein tuvo que dejar de tocar el violín por consejo de los médicos debido a unos problemas en su mano izquierda, por lo que se tuvo que contentar con satisfacer con el piano su necesidad de interpretar música.

No fue Einstein el único físico de su tiempo interesado por la música. Werner Heisenberg —que enunció el *Principio de incertidumbre* que lleva su nombre según el cual es imposible medir de forma simultánea la posición y el movimiento de una partícula— era pianista, y Max Planck —que formuló la mecánica cuántica basada en el principio anterior— estudió composición, piano, órgano, canto y violonchelo. Incluso llegó a componer una ópera.

Pau Casals, amigo de Einstein y enemigo de los regímenes totalitarios que les tocó padecer.

Dos amigos

Einstein fue un gran amigo del violonchelista catalán Pau Casals, y a ambos les unía la lucha contra los regímenes totalitarios que les tocó padecer, la Alemania nazi y la España franquista. Einstein se manifestó sin ambages a favor de la República española y puso en tela de juicio la actitud de Francia, Reino Unido y los Estados Unidos con respecto a la Guerra Civil española, sobre todo en lo referente al embargo de armas a la República. Acusaba a los gobernantes de estas naciones de actuar así por temor a perder el voto católico en sus países.

Casals, por su parte, refiriéndose a la dictadura franquista decía a Einstein: «Las únicas armas de que dispongo son la batuta y el violonchelo. No son mortíferas pero no tengo otras. Con ellas protesto contra lo que me parece ignominioso para la humanidad».

Einstein decía de Casals: "Lo que más admiro de él es su actitud firme, no sólo frente a los opresores de su pueblo, sino también frente a todos los oportunistas que siempre están dispuestos a pactar con el diablo. He reconocido claramente que el mundo, más aún que por los malhechores mismos, está más amenazado por los que permiten el mal y lo favorecen".

Un problema de conciencia

En el capítulo dedicado al siglo XX conocimos a algunos músicos inmersos en los conflictos personales propios de los tiempos de guerra que les tocaron vivir, y hemos visto a un hombre como Richard Strauss atrapado por la paradoja de tener que defender a su familia aunque fuera liderando alguna de las instituciones —como la *Reichmusikkammer*— propias del mismo régimen que la amenazaba, y jugándose con ello su prestigio. En el caso de Einstein se da una contradicción similar: siempre fue un pacifista convencido, pero no obstante se le considera uno de los padres Proyecto Manhattan que dio lugar a la fabricación de la primera bomba atómica. De hecho, la carta que envió a Roosevelt fue decisiva para convencer al presidente de los Estados Unidos de la viabilidad del proyecto.

Quizá explique su actitud al respecto el discurso titulado «Hay que ganar la paz», que pronunció en diciembre de 1945 en Nueva York, algunos meses después de que las bombas fueran lanzadas sobre Hiroshima y Nagasaki. En él afirmaba: «Nosotros ayudamos a construir la nueva arma para impedir que los enemigos de la humanidad lo hicieran antes, puesto que dada la mentalidad de los nazis habrían consumado la destrucción y la esclavitud del resto del mundo».

En sus últimos días, en 1955, firmó junto con Bertrand Russell y otros nueve científicos e intelectuales el *Manifiesto Russell-Einstein* en contra de la proliferación de las armas nucleares.

Un violín, elemental

Los vecinos del 221B de Baker Street, en el londinense distrito de Marylebone, también tenían la ocasión de escuchar a otro gran aficionado al violín: Sherlock Holmes. La mención a este instrumento aparece por primera vez en un pasaje del relato *La caja de cartón*, en el que Holmes explica a su amigo el doctor Watson que ha comprado un violín —nada menos que un Stradivarius— por un valor muy inferior al real.

A pesar de la opinión que Watson pudiera tener sobre su forma de tocar parece que el protagonista de las novelas de Anthur Conan Doyle es todo un entendido en la materia, como en muchas otras. En varias novelas muestra interés por la construcción de violines y por las características de los árboles que crecen en los alrededores de Cremona —recordemos que es la ciudad donde Stradivari construía sus instrumentos en el siglo XVII y las supuestas peculiaridades de su madera— o elogia la forma de tocar de Paganini y Sarasate, como en *Estudio en escarlata* y *La liga de los pelirrojos*.

Aun no siendo demasiado numerosas las referencias al violín en las novelas de Arthur Conan Doyle, este instrumento ha quedado en el imaginario popular como uno de los atributos intrínsecos del personaje, que encuentra en la música la forma de evadirse de la tensión que le provocan los casos que debe resolver. Lo curioso es que otros rasgos aún más reconocibles, como su pipa, el sombrero o la lupa que nos han hecho creer que utilizaba no aparecen ni una sola vez en las novelas. Tampoco puede leerse en ellas la célebre frase «elemental, querido Watson».

El capitán Nemo, un gran maestro del órgano salido
de la pluma de Jules Verne.

Música en las profundidades

Siguiendo con personajes de la literatura aficionados a tocar un instrumento no podemos olvidar a uno de los clásicos: el Capitán Nemo de las
novelas de Jules Verne. *Nemo* significa *nadie* en latín, lo que le da un toque
de misterio al personaje de Verne —también conocido como Príncipe
Dakkar—, pero en las novelas *Veinte mil leguas de viaje submarino* y *La isla
misteriosa* se va descubriendo que en realidad Nemo es hijo del rajá de
Bundelkhan y descendiente de los sultanes del reino de Mysore, en la India.

Nemo está dotado de una inteligencia superior, unos conocimientos
científicos increíbles y una exquisita educación. Además es un maestro del
órgano, como el que tiene en el *Nautilus*, el submarino diseñado y construido por él mismo.

La alusión a Nemo parece evidente en el personaje de Davy Jones en la
serie de películas de *Piratas del Caribe*.

Woody Allen, un gran aficionado al jazz, disfrutando de su clarinete con la Eddy Davis New Orleans Jazz Band.

Misterioso clarinete en Manhattan

Allan Stewart Königsberg —más conocido como Woody Allen— es un consumado aficionado al jazz. Este género de música es omnipresente en todas sus películas, y él mismo suele tocar el clarinete a sus más de ochenta años con la *Eddy Davis New Orleans Jazz Band*. Algunos de los componentes de la banda tampoco son profesionales, pero juntos disfrutan interpretando repertorio del jazz clásico de las primeras décadas del siglo pasado en Nueva Orleans y Chicago. Con esta banda grabó Woody Allen dos discos: *The Bunk Project* en 1993 y *Wild Man Blues* en 1997.

En las películas de Allen el cuidado por la música es una constante. Solamente en tres de ellas encargó a un compositor la elaboración de la banda sonora —*Toma el dinero y corre*, *Bananas* y *El sueño de Casandra*, en esta última con Philip Glass—. En todas las demás ha preferido recurrir a su colección de discos particular para encontrar las piezas que mejor encajaran en cada escena, utilizando principalmente grabaciones de jazz, pero también de compositores clásicos como Gershwin, Satie, Mendelsohn, Mahler, Schubert o Bach.

Woody Allen consiguió sus dos primeros Óscar —mejor película y

> **Woody Allen ha afirmado en repetidas ocasiones que toca el clarinete a diario, pero por lo que se ve parece ser consciente de sus limitaciones. Según sus propias palabras: «Sé que no toco bien, pero necesito seguir estudiando todos los días para poder tocar así de mal».**

mejor guión original— en 1978 por su película *Annie Hall* pero, como es bien sabido, no asistió a la ceremonia porque como todos los lunes desde hacía mucho tiempo estaba tocando con su banda en el hotel Carlyle de Nueva York.

A fin de cuentas, y como según él mismo afirmó en alguna ocasión, «tocar el clarinete es una forma más de terapia».

Silbidos en Almería

Si algo caracteriza desde hace cincuenta años la imagen de Clint Eastwood es un raído poncho colgado de su metro noventa y tres de estatura paseando por el polvoriento desierto almeriense de Tabernas. Allí se rodaron *Por un puñado de dólares*, *La muerte tenía un precio* y *El bueno, el feo y el malo*, las películas que consagraron lo que se pasó a denominar *Spaghetti western*. A mediados de los años sesenta las películas del oeste estaban en franco declive en Estados Unidos y las de Sergio Leone supusieron toda una revolución en el género, con actores americanos, producción italiana y localizaciones en Almería.

En las películas de Sergio Leone merece una mención especial por su originalidad la música de Ennio Morricone. Las películas del oeste como las de John Ford solían tener unas bandas sonoras muy similares entre sí,

Ennio Morricone, uno de los más grandes autores de música para el cine de todos los tiempos, autor de la banda sonora de más de cuatrocientas películas.

normalmente con una gran orquesta y predominio de los metales en las escenas de acción, pero Morricone introduce nuevos instrumentos y efectos sonoros con los que consigue una renovación del estilo musical en consonancia con la actualización del género que pretendía el cine de Leone.

Ambos, Morricone y Leone, parecían predestinados para sus respectivas profesiones, y también para trabajar juntos. Nacidos los dos en Roma, Morricone era hijo de Mario Morricone, trompetista de jazz, y Leone de Vincenzo Leone, director de cine mudo que trabajaba bajo el seudónimo de Roberto Roberti. *Por un puñado de dólares* fue su primera colaboración, y en su banda sonora Morricone ya introduce algunos de los elementos que hacen reconocible su música: coros, gritos, silbidos, guitarras eléctricas y sonidos reales, como las campanas.

Por un puñado de dólares contaba con muy poco presupuesto, y también con poca confianza por parte de los productores. Tal vez por eso, o tal vez porque era la primera película italiana del oeste que se iba a estrenar en Estados Unidos, gran parte del equipo prefirió firmarla con un seudónimo inglés, incluyendo a Leone —Bob Robertson, imitando el nombre artístico de su padre— y Morricone —Dan Savio—.

Pero la película de Clint Eastwood más directamente relacionada con la música es *Bird*, que dirigió en 1988 y en la que narra la vida del saxofonista Charlie Parker —impulsor junto a Dizzy Gillespie del *Bebop*—, al que al parecer vio tocar en directo cuando tenía quince años.

En otra película, *Piano blues*, Eastwood hace un documental con entrevistas y actuaciones de artistas de jazz como Ray Charles o Fats Domino. Esta película era la séptima de las producidas por Martin Scorsesse dentro de su serie *The Blues*, en la que hace un repaso a este género desde sus influencias africanas hasta su influencia en otros géneros como el rithm&blues, el rock&roll y el hip-hop. De entre ellas, la película dirigida por Eastwood se centra en describir la evolución que ha tenido el piano dentro de este género musical.

Para finalizar, no debemos olvidar que además de director, Eastwood es el autor de la banda sonora de algunas de sus películas, como *Mystic river, Million dollar baby, Banderas de nuestros padres, El intercambio* y *J. Edgar*.

El oboe del Amazonas

Volviendo a Ennio Morricone, otro personaje —esta vez ficticio— aficionado a tocar un instrumento es Gabriel, el jesuita protagonista de la película *La Misión*, dirigida en 1986 por Roland Joffé y con música del compositor romano. *Gabriel's oboe* es una de las piezas más conocidas para

Una escena de la película *La Misión*, en la que el jesuíta Gabriel, interpretado por Jeremy Irons, toca el oboe ante la asombrada mirada de un grupo de indígenas.

este instrumento entre el público no especialmente interesado por la música clásica. En la primera escena de la película el personaje interpretado por Jeremy Irons saca de su zurrón un oboe y empieza a tocar en medio de la selva amazónica mientras se le acercan varios indios guaraníes.

El personaje de Gabriel está directamente inspirado en personas reales como el jesuita Domenico Zipoli, el más conocido de entre los músicos que durante el siglo XVIII via-

E. MORRICONE. EL OBOE DE GABRIEL

jaron a las misiones —también llamadas reducciones— de la provincia jesuítica del Paraguay. Esta provincia se correspondía con el Virreinato del Perú y abarcaba las actuales Argentina, Bolivia, Brasil, Chile, Paraguay y Uruguay.

Nacido en la Toscana, Zipoli viajó primero a Sevilla y posteriormente a Córdoba, en la actual Argentina, donde falleció a los treinta y ocho años. Durante su estancia en Córdoba, que era capital de la provincia, se encargaba de enviar con los medios precarios de que disponía la música que iba componiendo al resto de los treinta pueblos que formaban parte de las reducciones.

Toda la obra de Zipoli quedó olvidada en estos pueblos y en gran parte se ha perdido, pero a finales de los años sesenta del siglo XX se encontraron dos obras suyas en el pueblo de San Ignacio de Moxos, en la actual provincia del Beni en Bolivia —una *Letanía lauretana* y un *Tantum Ergo*—, y a primeros de los setenta se encontró el grueso de su obra en las reducciones de San Rafael y Santa Ana en Chiquitos, también en Bolivia.

El pianista *gourmet*

Un consumado melómano y un gran pianista es el psiquiatra, erudito y refinado gourmet cinematográfico Hannibal Lecter —aunque hay que tener cuidado con él si se es un flautista no demasiado dotado de la Orquesta Filarmónica de Baltimore—. Lecter es el ficticio protagonista de las novelas de Thomas Harris *El silencio de los corderos*, *Hannibal* y *El dragón rojo*, y está interpretado en la gran pantalla por el actor galés Anthony Hopkins.

En la primera de estas películas se escuchan las *Variaciones Goldberg* de Bach en la versión de Glenn Gould de 1981, que ya había grabado otra versión en 1955. Gould, especialista en Bach, era conocido por hacer unas interpretaciones muy personales y por su forma de tocar el piano, sentado en una silla baja que apenas le permitía llegar con comodidad al teclado.

El actor que encarna a Lecter, sir Anthony Hopkins, en la vida real es pianista y pintor, además de un actor con dos Oscars. Se inició en el mundo del arte en la Facultad de Música y teatro de Cardiff, donde pudo estudiar gracias una beca, aunque más adelante encaminó su carrera hacia la interpretación en la Royal Academy of Dramatic Art de Londres.

Algunos definen las piezas compuesta por Hopkins y que él mismo interpreta al piano como evocadoras y etéreas, y en sus películas es él quien toca realmente cuando su personaje se sienta al piano. También compuso la banda sonora de la película de ciencia ficción *Slipstream*, que asimismo dirigió e interpretó.

J.S. BACH.
GLENN GOULD.
VARIACIONES
GOLDBERG

Una campaña musical

Se puede tocar un instrumento de manera profesional o por afición, pero también hay quien sabe sacarle partido de una forma bastante insospechada. Nada menos que para abrirse camino hacia el Despacho Oval.

En junio de 1992, al día siguiente de ganar las primarias de California del Partido Demócrata, y con ello su nominación como candidato a la presidencia de los Estados Unidos, al candidato Bill Clinton no se le ocurrió mejor manera de celebrarlo que aparecer en *The Arsenio Hall Show* —un

La aparición de Bill Clinton en televisión tocando el saxofón fue el punto de inflexión de su campaña electoral hacia la presidencia.

late show como los que más tarde se pondrían de moda por aquí— tocando «Heartbreak Hotel» de Elvis Presley con su saxo tenor y llevando unas gafas de sol.

Pero, como es fácil de suponer, esta aparición en un programa de televisión de gran audiencia no fue casual ni fruto de la espontaneidad. El candidato republicano y entonces presidente en ejercicio, George Bush Sr., le llevaba varios puntos de ventaja en las encuestas sobre la elección presidencial de noviembre, y este era un intento del equipo de campaña de Clinton para ofrecer una imagen más amable y personal del candidato demócrata con la intención de acercarlo a sus posibles votantes.

Para una gran parte de la clase política esta actuación fue algo vulgar, indigno y vergonzoso, pero lo cierto es que sumada a su aparición unos días más tarde en el show de Larry King ayudó a dar vigor su campaña y durante ese verano consiguió ganarse al público norteamericano. En las elecciones de noviembre Bill Clinton consiguió acceder a la presidencia. 𝄞

Piezas clásicas en la vida cotidiana

En otros capítulos hemos observado que podemos escuchar obras clásicas no solo en las salas de concierto o en grabaciones sino también, por ejemplo, como parte de la banda sonora de muchas películas. Lo cierto es que la música clásica está más presente en el día a día de las personas no especialmente aficionadas a ella de lo que se podría pensar a simple vista. Muchas de las melodías que relacionamos directamente con tal o cual acontecimiento o situación tienen su origen en obras de algunos de los compositores más conocidos. Como muestra, en las próximas páginas repasaremos algunas de las más populares.

Zadok the priest

La obra de música clásica más escuchada en determinados momentos del año, sobre todo los miércoles y jueves en que hay partido de fútbol y en los resúmenes de los informativos, probablemente sea *Zadok the priest*, de Georg Friedrich Haendel, aunque quizá sea más conocida entre los aficionados como *El himno de la Champions*.

G.F. HAENDEL.
ZADOK
THE PRIEST

Georg Friedrich Haendel, autor de *Zadok the priest*, aunque quizá sea más conocida entre los aficionados como *El himno de la Champions*.

Este himno es un arreglo hecho por el compositor inglés Tony Britten sobre uno de los cuatro *Himnos de coronación*, obra de Haendel de 1727. Estos Coronation Anthems, como su nombre indica, fueron compuestos para la coronación del rey Jorge II, basándose en textos de la *Biblia del Rey Jacobo*. Esta Biblia era la traducción por entonces más popular al inglés del original en griego. Fue publicada por primera vez en 1611, y el estilo y el lenguaje empleados en ella tuvieron mucha influencia en posteriores traducciones del texto bíblico y también en el léxico y la gramática utilizados por escritores como John Milton —*El Paraíso perdido*— o Herman Melville —*Moby Dick*—.

Además de *Zadok the priest* —*Zadok el sacerdote*—, completan este conjunto de himnos *Mi heart is inditing* —*Rebosa en mi corazón*—, *The king shall rejoice* —*El rey se regocijará*— y *Let thy hand be strengthened* —*Que tu mano se fortalezca*—.

El himno que nos ocupa describe, tal y como aparece en *El libro I de los Reyes* del Antiguo Testamento, la unción del rey Salomón como soberano del pueblo de Israel por el profeta Natán y el sacerdote Zadok que le da nombre. En él se narra cómo estos dos personajes convencen a Betsabé, esposa del rey David de que, cumpliendo la promesa que en su día hiciera, debería nombrar a Salomón como su sucesor en lugar de Adonías, otro de sus hijos que pretendía autoproclamarse rey aprovechándose de la avanzada edad de David. Finalmente Salomón es coronado rey y quedará para la historia como un gobernante sabio. La alusión directa a un buen rey hace que este texto sea el ideal para una coronación, porque lleva implícita una identificación con el nuevo soberano, o al menos el deseo de que durante su reinado sea tan justo como aquel. Este texto se leía en todas las coronaciones de los soberanos británicos desde la de Edgar el Pacífico en 973 hasta, precisamente, la de Jorge II.

La coronación tuvo lugar en la abadía de Westminster y fue oficiada por el arzobispo de Canterbury. Aunque no está claro el orden en que fueron interpretados los cuatro himnos es probable que se comenzara con *Let thy hand de strengthened* a la entrada del monarca, *Zadok the priest* durante el ungimiento del soberano con aceite bendecido para acabar con *The king shall rejoice* —para el momento de la coronación del rey— y *Mi hearth is inditing* — para la de la reina—.

En este último himno, dedicado al momento de la coronación de la reina consorte Carolina de Brandeburgo-Ansbach, hubo que adaptar la letra, atribuida a Henry Purcell y tomada del Salmo 45 y del *Libro de Isaías*, que en un principio se refería a un

La abadía de Westminster, emblemático espacio donde se han producido la mayoría de ceremonias de coronación de los soberanos británicos.

A pesar del cuidado puesto en los detalles hay fuentes que indican que durante la interpretación de los himnos en la ceremonia se produjeron repetidos errores que llevaron a William Wake, arzobispo de Canterbury a hablar de "negligencia" del coro.

rey varón —*Rebosa mi corazón palabra buena, dirijo al rey mi canto...*—. Por su parte, *The king shall rejoice* se basa en el Salmo 21 y *Leth thy hand be strengthened* en el 89.

Haendel autorizó la interpretación de los *Himnos de la coronación* en otros actos posteriores y llegaron a ser muy populares. El propio compositor los utilizó más adelante en otras obras suyas adaptando la letra, como en los oratorios *Esther y Deborah*.

De Westminster al estadio

En 1956 se creó una competición que, con formato de campeonato de copa con eliminatorias directas, reunía a los campeones de las ligas de fútbol de los países que conformaban la UEFA —*Union of European Football Associations*—. Fue el nacimiento de la Copa de Europa.

En 1992 se decidió cambiar la competición, dando paso a la Champions League e introduciendo un sistema de liga para las primeras fases de cada temporada —lo que justifica el nuevo nombre— e incluyendo a más equipos de cada país, no solo el campeón —lo que ya no lo justifica tanto—.

También se decidió encargar un himno que sirviera de sintonía para todos los partidos de la competición. El encargo recayó en Tony Britten quien, como hemos dicho al principio, se basó en la obra de Haendel. El himno oficial de la Champions League tiene una duración de unos tres minutos, lo que lo hace excesivamente largo para la mayoría de las transmisiones por lo que existe una versión resumida, que es la utilizada habitualmente. La grabación que se escucha antes de cada partido fue grabada por la Royal Philarmonic Orchestra y el coro de la Academy of Saint Martin in the Fields, y nunca ha sido publicada comercialmente.

T. BRITTEN. HIMNO DE LA UEFA CHAMPIONS LEAGUE

La letra del himno está compuesta utilizando los tres idiomas oficiales de la UEFA —inglés, francés y alemán—, aunque no parece que en ninguno de ellos alcance un gran nivel poético:

Ce sont les meilleur équipes	*Estos son los mejores equipos*
Es sind die allerbesten Mannschafte	*Estos son los mejores equipos*
The main event	*El evento principal*
Die Meister	*Los maestros*
Die Besten	*Los mejores*
Les grandes équipes	*Los grandes equipos*
The champions	*Los campeones*
Une grande reunion	*Una gran reunión*
Eine grosse sportliche Veranstaltung	*Uno de los principales eventos*
The main event	*El evento principal*
Die Meiste	*Los mejores*
Les grandes équipes	*Los grandes equipos*
The champions	*Los campeones*
Ils sont les meilleurs	*Son los mejores*
Sie sind die Besten	*Estos son los mejores*
These are the champions	*Estos son los campeones*

Los ríos de Babilonia

Aunque nos salgamos por un momento del ámbito de la música clásica, podemos permitirnos recordar una conocidísima canción que, al igual que la obra anterior, está basada en el Libro de los Salmos. Se trata de «Rivers of Babylon», del grupo de los setenta Boney M. La letra es una transcripción literal del Salmo 137, y describe el cautiverio del pueblo judío en Babilonia después de que Nabucodonosor destruyera Jerusalén: «Junto a los ríos de Babilonia, allí nos sentábamos, y aún llorábamos acordándonos de Sión...».

Los ríos de Babilonia a los que alude la canción son el Tigris y el Éufrates, en los actuales Siria e Irak. Después de todo, esta canción que habla de exilio y de nostalgia por la tierra perdida no queda tan lejos del *Va pensiero* del *Nabucco* de Verdi: «Vuela, pensamiento, con alas doradas. Pósate en las praderas y en

BONEY M.
RIVERS OF
BABYLON

G. VERDI.
VA PENSIERO

«Va pensiero», en el tercer acto de la ópera Nabucco de Verdi, narra la historia
del exilio hebreo en Babilonia tras la pérdida del Primer Templo de Jerusalén.

las cimas donde exhala su suave fragancia el dulce aire de la tierra natal.
Saluda las orillas del Jordán y las destruidas torres de Sión. Oh, patria mía,
tan bella y perdida. Oh, recuerdo tan querido y fatal...».

Conexión europea

Aunque cada vez se escuche menos a menudo, la sintonía de Eurovisión
es una de las melodías inconfundibles de la televisión, al menos para la
mayoría de las personas de una cierta edad. Esta música se hizo extremadamente popular a partir de 1956, en el primer certamen musical de la UER
—Unión Europea de Radiodifusión, más conocida como Eurovisión— y
como sintonía de las conexiones televisivas internacionales. Últimamente
apenas se escucha más que antes de la conexión de las cadenas de otros
países con Viena para el Concierto de Año Nuevo en la *Musikverein* y en el
festival de la canción del mismo nombre, pero hasta hace unos años acompañaba a cualquier emisión que estuviera dirigida a toda Europa.

La pieza está tomada del Te Deum H146 del compositor francés
Marc-Antoine Charpentier, que se estrenó en el siglo XVII bajo la batuta
de su autor en la iglesia jesuita de Saint Louis de París, de la que era direc-

Marc-Antoine Charpentier compuso el *Te Deum* para celebrar el triunfo del ejército francés sobre los países de la Gran Alianza en la batalla de Steinjerke en 1692.

tor musical. Charpentier también ocupó otros cargos durante su vida: en 1679 fue nombrado maestro de capilla del *Delfín*, pero tuvo que abandonar el puesto ante la oposición de Lully, y a partir de 1698 fue maestro de capilla de la Sainte Chapelle.

Charpentier compuso este *Te Deum* para celebrar el triunfo del ejército francés el tres de agosto de 1692 en la batalla de Steinjerke durante la *Guerra de los nueve años*, entre la Francia de Luis XIV y la *Gran Alianza* —España, Austria, Baviera, Brandenburgo, el Sacro Imperio Romano Germánico, Inglaterra, el Palatinado, Portugal, Sajonia, Suecia y las Provincias Unidas de los Países Bajos—. No deja de ser irónico que una música creada para celebrar la victoria militar de una nación europea sobre todas las demás haya servido dos siglos y medio después como símbolo de su unión.

Como ocurrió con muchas obras del barroco, todas las de Charpentier quedaron en el olvido hasta mediados del siglo XX, cuando en 1953 el sacerdote y musicólogo belga Carl de Nys las encontró mientras buscaba partituras antiguas de música sacra en el archivo de la Biblioteca Nacional de Francia, institución a la que las habían donado los sobrinos del com-

El *Delfín* —*Dauphin*— era el título que hasta 1830 ostentaba el heredero al trono de Francia. El título deriva *Dauphiné*, antigua provincia francesa con capital en Grenoble que se correspondía con los actuales departamentos de Isère, Drôme y Altos Alpes. Esta región pertenecía al conde Humberto II de Viena, quien la vendió en 1349 a Felipe VI de Francia con la condición de que el heredero al trono debería ostentar siempre el título de *Dauphin de Viennois*, que finalmente quedó abreviado como *Dauphin*.

positor. De Nys colaboraba con la radio y la televisión francesas, lo que le permitió dar a conocer su hallazgo, y en 1954 el *Te Deum* fue elegido como sintonía para la conexión de las distintas cadenas asociadas. Finalmente, en 1956 tuvo su estreno triunfal para el gran público en el ya mencionado primer *Festival de la canción de Eurovisión*.

Un *Te Deum* es un himno cristiano de acción de gracias. Toma su nombre de las primeras palabras del texto: «*Te Deum laudamus. Te Dominum confitemur. Te aeternum Patrem omnis terra veneratur*» —«*A ti, Dios, te alabamos. A ti, Señor, te reconocemos. A ti, eterno Padre, te venera toda la creación*»—. El de Charpentier está compuesto en la tonalidad de Re mayor, que el autor consideraba "brillante y muy marcial", y está compuesto por diez números, siendo su preludio instrumental la pieza elegida como sintonía de la UER. El resto de la obra precisa de ocho solistas vocales, coro y acompañamiento instrumental de violines, violas, contrabajo, dos flautas, dos oboes, dos trompetas, timbales y bajo continuo.

La primera grabación de este *Te Deum* fue realizada por el coro de *Jeunesses Musicales* de Francia y la orquesta de cámara de la *Orchestre des Concerts Pasdeloup*, bajo la dirección de Louis Martini. Es curioso observar cómo la interpretación de esta obra como sintonía ha ido variando con los años según avanzaban los estudios musicológicos y se iba consiguiendo un mayor rigor histórico.

Por favor, apaguen sus teléfonos

La siguiente pieza que vamos a comentar tiene una gran conexión con la música clásica, aunque sea indirecta y además no deseada, porque ¿quién no ha visto interrumpida la escucha de un concierto por una inconfundible melodía interpretada en el momento más inesperado por un espléndido solo de teléfono móvil?

La melodía que identifica a los de la marca Nokia pertenece a una obra no demasiado conocida del compositor villarrealense Francisco Tárrega, su *Gran Vals* para guitarra. Son concretamente los compases que van del trece al dieciséis.

Francisco Tárrega supo combinar la tendencia romántica que prevalecía en la música clásica con los elementos populares españoles.

La obra fue compuesta en 1902, y la marca de teléfonos la utilizó por primera vez en 1994 para el lanzamiento de su modelo Nokia 2110. Se calcula que esta melodía sonaba unos mil ochocientos millones de veces al día. Podemos pensar que resultaba inevitable que alguna de ellas fuera en mitad de un concierto...

Pero quizá la obra más conocida de Tárrega sea *Recuerdos de la Alhambra*, en la que la melodía se interpreta con la técnica del *trémolo*, que el compositor incluyó entre los recursos de la guitarra. En esta técnica cada nota es repetida varias veces, dando la sensación de un sonido mantenido mientras el dedo pulgar va tocando el acompañamiento.

Recuerdos de la Alhambra ha sido reinterpretada innumerables veces tanto dentro de la música clásica, adaptándola a distintos instrumentos, como fuera de ella. Por ejemplo, es famosa la versión que hizo el grupo *Mocedades* con el título de *Solos en la Alhambra* —aunque no alcanzó el mismo éxito que con *Amor de hombre*, basada en el Intermedio de la zarzuela *La leyenda del beso* de Reveriano Soutullo y

F. TÁRREGA.
RECUERDOS
DE LA ALHAMBRA

Juan Vert— y, con un toque más exótico, la de Mike Oldfield para la banda sonora de la película *Los gritos del silencio* de Roland Joffé, en la que se narra el genocidio camboyano durante el régimen de los Jemeres Rojos.

Tárrega comenzó a estudiar música instancias de su padre y a causa de un accidente ocurrido durante su infancia: en un momento de descuido de la chica encargada de su cuidado Tárrega cayó a una acequia, a causa de lo cual contrajo una enfermedad que le duró varias semanas y que provocó que su vista quedara dañada de manera permanente, a pesar de ser sometido a varias operaciones. Temiendo que quedara definitivamente ciego, cosa que afortunadamente no ocurrió, su padre decidió que estudiara música para que de esta manera dispusiera en el futuro de una forma de ganarse la vida.

M. OLDFIEND. THE KILLING FIELDS

Un toque British

Aparte del té de las cinco, el Derby de Ascot y un cierto punto de esnobismo en la personalidad de sus habitantes pocas cosas se pueden relacionar más íntimamente con Inglaterra que las campanadas del *Big Ben*.

Su melodía ha sido imitada en infinidad de relojes monumentales de todo el mundo, pero aunque se la reconozca como la que suena en la torre del Parlamento de Westminster que llamamos *Big Ben*, ese no es el nombre de la torre —que inicialmente se llamó *La Torre del reloj*, *Clock Tower*, nombre que se cambió en 2012 por el de *Elizabeth Tower* para celebrar los sesenta años en el trono de la actual reina—, ni tampoco se trata del nombre del reloj, que simplememnte se llama *El Gran reloj de Westminster —The Great Westminster Clock—*.

Big Ben es el nombre de la gran campana que da las horas. Lo de *Big* le viene por su tamaño —más de trece toneladas—, pero no está claro de dónde viene el nombre de *Ben* para una campana que en un principio debería haberse llamado *Victoria Real* en homenaje a la reina Victoria —la torre se construyó en 1858 y el reloj se inauguró en 1859, durante el reinado de esta—. Según la propia página web del Parlamento británico podría ser una dedicatoria a Sir Benjamin Hall, el Primer Comisionado de Obras cuyo nombre puede verse inscrito en la campana, pero también podría ser en honor de Benjamin Caunt, un famoso campeón de boxeo de la época. No existe documentación que permita decantarse por una u otra opción.

Big Ben es el nombre de la gran campana que da las horas en la capital británica.

Pero como es lógico, una única campana no es capaz de reproducir la melodía que todos conocemos. Se limita a marcar las horas precisamente después de esa introducción, de la que se encarga un juego formando por otras cuatro campanas. La pieza que tocan tiene su propio nombre, *Westminster Chimes —Campanadas de Westminster*, que no es muy original—, o *Westminster Quarters —Cuartos de Westminster*, porque se tocan para marcar los cuartos, lo que tampoco es muy imaginativo—. Según de qué cuarto se trate la melodía es diferente, y tras el toque que indica que se han completado los cuatro cuartos entra en acción la campana *Big Ben* marcando la hora.

A cada una de las llamadas se corresponde una letra extraída una vez más del Libro de los Salmos, eta vez del Salmo 37:

All through this hour	*A lo largo de esta hora*
Lord be my guide	*Señor, sé mi guía*
And by Thy power	*Y por tu poder*
No foot shall slide	*Ningún pie resbalará*

Pero no fue en Westminster donde se escuchó esta melodía por primera vez tocada por campanas, sino en la iglesia de *St. Mary the Great* de la universidad de Cambridge en 1793, donde también se utilizaba la misma letra. Por eso en muchas ocasiones también se le llama *Cambridge Quarters*.

Completando el círculo de este capítulo, se piensa que el origen de los *Westminster Quarters* está en un aria de *El Mesías* de Georg Friedrich Haendel, *I know that My Redeemer liveth* —*Sé que mi Redentor vive*—, precisamente en el tema que aparece por primera vez en los compases cinco y seis y que después se repite a lo largo de toda la pieza.

Aunque Haendel no es el único compositor que tiene relación con esta melodía: en el primer movimiento de la segunda sinfonía de Ralph Vaughan Williams —también llamada *A London Symphony*—, tras tres minutos de ambiente apacible aparecen las primeras notas de Los Westnminster Quarters tocadas por el arpa como evocación de los sonidos de la ciudad. 🎼

Epílogo

Aquí termina este recorrido por tres siglos de música e historia. Hemos seguido la evolución de los estilos y de los gustos en cada época, hemos conocido a muchos personajes y hemos hablado a grandes rasgos de su obra. Pero se han quedado en el tintero muchas historias relacionadas con ellos y muchas piezas que también merecerían haber sido mencionadas y explicadas.

Habría sido interesante profundizar en las sinfonías y en la música de cámara de Beethoven o analizar algunas cantatas de Bach y la música religiosa de Vivaldi. Podríamos haber recorrido de forma más exhaustiva las composiciones de Mozart y también habríamos podido hablar de otras óperas de Verdi —y de un sinfín de anécdotas relacionadas—, pero en algún momento había que poner el punto final. Si el lector se ha quedado con una idea que le permita reconocer a determinado personaje o uno u otro estilo el que esto escribe se dará por satisfecho.

A decir verdad, cada uno de los protagonistas de este libro daría por sí solo para escribir un volumen como este. Pero no solamente ellos: en él hemos dejado deliberadamente de lado a artistas como Albinoni, Pachelbel, Marcello, Bellini, Donizzetti, Albéniz, Turina, Rodrigo, Gershwin, Bernstein, Bartok, Grieg, Villa-Lobos, Debussy, Satie, Poulenc, Dutilleux, Zubeldía, Chaminade, Gubaidulina, Bonis y muchos otros que también lo habrían merecido.

Pero esa será otra historia. 🎼

JMR

Apéndice

Otras audiciones recomendadas

G.F. HAENDEL. ALELUYA DE EL MESÍAS

J.S. BACH. TOCCATA Y FUGA EN RE MENOR

J.S. BACH. CONCIERTOS DE BRANDENBURGO

A. VIVALDI. GLORIA

C.W. GLUCK. ARIA CHE FARÒ SENZA EURIDICE DE ORFEO E EURIDICE

J. HAYDN. CUARTETOS DE CUERDA

**W.A. MOZART.
ARIA DE LA
REINA DE LA
NOCHE DE LA
FLAUTA MÁGICA**

**L.V. BEETHOVEN.
SONATA Nº14
«CLARO
DE LUNA»**

**F. SCHUBERT.
SINFONÍA Nº8
«INACABADA»**

**FANNY MEN-
DELSSOHNN.
LIEDER**

**R. SCHUMANN.
SINFONÍA Nº3
«RENANA»**

**G. ROSSINI.
OBERTURAS**

J. Brahms. Danzas húngaras

M.C. De Grand- val Concierto para oboe y orquesta

Clara Schumann. Obras para piano

J. Sibelius. Finlandia

G. Verdi. Arias y coros

J.Strauss I. Marcha Radetzky

**J. STRAUSS II.
VALSES
Y POLKAS**

**M. MUSSORGSKI.
CUADROS EN
UNA EXPOSICIÓN
(ORQUESTACIÓN
DE M. RAVEL)**

**P.I. CHAIKOVSKI.
SINFONIA N°6
«PATÉTICA»**

**M. CALLAS.
ARIAS**

**A. DVORAK.
DANZAS ESLAVAS**

**M. RAVEL.
LE TOMBEAU
DE COUPERIN**

L. BOULANGER. D´UN VIEUX JARDIN. D´UN JARDIN CLAIR

L. BOULANGER. D´UN SOIR TRISTE

N. BOULANGER. PIEZA PARA VIOLONCHELO Y PIANO

C. SAINT-SAËNS. DANZA MACABRA

A. WEBERN. PASSACAGLIA

S. PROKOFIEV. ROMEO Y JULIETA

E. MORRICONE. MÚSICA PARA EL CINE

Películas y series sobre compositores y la música clásica

Biografías e historia de la música

◆ *Albéniz*, de Luis César Amadori, 1947.
◆ *Amadeus*, de Milos Forman, 1984.
◆ *Antonia, una sinfonía*, de Maria Peters, 2018.
◆ *Beethoven*, de Niki Stein, 2020.
◆ *Bird*, de Clit Eastwood, 1988.
◆ *Callas Forever*, de Franco Zeffirelli, 2002.
◆ *Canción inolvidable*, de Charles Vidor, 1945.
◆ *Clara (Beloved Clara)*, de Helma Sanders-Brahms, 2008.
◆ *Coco Chanel & Igor Stravinsky*, de Jan Kounen, 2009.
◆ *Copying Beethoven*, de Agnieszka Holland, 2006.
◆ *Die Nibelungen (Los Nibelungos)*, de Fritz Lang, 1924.
◆ *El pianista*, de Roman Polanski, 2002.
◆ *Farinelli, Il castrato*, de Gérard Corbiau, 1994.
◆ *Hilary y Jackie*, de Anand Tucker, 1998.
◆ *Amada inmortal*, de Bernard Rose, 1994.
◆ *Impromptu*, de James Lapine,1991.
◆ *Le roi danse (La pasión del rey)*, de Gérard Corbiau, 2000.
◆ *La vida de Verdi*, de Renato Castellani, 1982.
◆ *Lisztomania*, de Ken Russell, 1975.
◆ *Ludwig*, de Luchino Visconti, 1973.
◆ *Magic Fire (Fuego mágico)*, de William Dieterle, 1955.
◆ *Mi nombre es Bach*, de Dominique de Rivaz, 2003.
◆ *Shine (El resplandor de un genio)*, de Scott Hicks, 1996.
◆ *Sueño de amor*, de Charles Vidor y George Cuckor, 1960.
◆ *The Magic Bow*, de Bernard Knowles 1946.
◆ *Tous les matins du monde (Todas las mañanas del mundo)*, de Alain Corneau, 1991.
◆ *Vivaldi*, de Boris Damast, 2008.
◆ *Vivaldi, un príncipe en Venecia*, de Jean-Louis Guillermou, 2006.